INSTRUCTION

EXTRAITE

DE LA FONDATION

FAITE PAR MONSIEUR LE DUC
ET MADAME LA DUCHESSE DE NEVERS,
pour le Mariage de foixante pauvres Filles par
chacun an, à perpetuité,

ET DES ARRESTS DE REGLEMENS
rendus en confequence.

AVEC DES FORMULES DES ACTES
neceffaires pour leur execution, fuivant l'Arrêt
du Parlement du 26. Juillet 1717.

POUR SERVIR AUX OFFICIERS DES
Terres fujetes à la Fondation & leur en faciliter
l'execution.

❧

A PARIS,

Chez LOUIS-DENIS DELATOUR & PIERRE
SIMON, Imprimeurs du Parlement & de la Cour
des Aydes, ruë de la Harpe, aux trois Rois.

———

MDCCXXII.

AVERTISSEMENT

*L*A fondation faite par Monfieur le Duc & Madame la Ducheffe de Nevers, eft pieufe & illuftre, utile à la Religion, & à l'Eftat.

L'intention des Fondateurs a été qu'il fut marié tous les ans foixante pauvres filles de leurs Terres & de faire päier à chacune cinquante livres de dot.

Pour affurer & perpetuer l'execution d'une fi charitable fondation, ils ont prefcrit plufieurs conditions & formalitez avec injonction à leurs Officiers de les fuivre ponctuellement, fous differentes peines.

Cependant, foit par negligence ou faute d'attention de la part des Officiers, foit qu'ils aient trouvé l'execution trop difficile, foit par d'autres caufes, il y a toûjours eu plus ou moins d'abus & de contraventions.

Il eft vrai que par les fages déliberations des premiers Magiftrats du Roïaume, l'autorité des Arrêts de la Cour de Parlement,

A ij

& les soins de Messieurs les Administrateurs de l'Hôtel-Dieu de Paris, à qui l'execution de cette fondation a été confiée, on a eu la satisfaction de voir qu'elle a été mieux executée dans les dernieres années que dans son commencement.

Le desir que l'on a de voir l'entier accomplissement d'un ouvrage si digne de la pieté des Fondateurs, a fait chercher tous les moiens qui ont paru convenables pour le porter au point de perfection où on le souhaite depuis si long-tems, & pour ôter aux Proprietaires des Terres qui y sont sujetes, & à leurs Officiers, tout pretexte d'excuses & d'ignorance.

Dans cette vûë il fut arrêté aux Assemblées tenuës à ce sujet dans le Convent des grands Augustins de Paris, le jour & fête de S. Loüis des années 1715. & 1716. qu'il seroit fait un Extrait de tout ce qu'il y a d'essentiel dans la Fondation & dans les Arrêts de Reglemens rendus en consequence, avec des Formules des Actes necessaires pour leur execution, dont copies imprimées signées du Greffier du Bureau de l'Hôtel-Dieu, seroient envoïées aux Greffes de chacune Châtellenie pour y être registrées, duquel enregiſtrement les Greffiers ſeroient tenus d'envoïer une expedition au Greffe du Bureau de l'Hôtel-Dieu, ce qui a été autoriſé par Arrêt de la Cour du 26. Juillet 1717.

C'eſt pour ſatisfaire à cet Arrêt que l'on donne la preſente Inſtruction, dans laquelle on a diſtingué le nombre des filles qui doivent être mariées tous les ans dans chacune Châtellenie ou Chef-lieu, les formalitez que l'on doit obſerver pour la premiere Election des filles le Dimanche de Pâques fleuries dans chacune paroiſſe. Ce qu'il convient faire pour la ſeconde & derniere Election au ſort le Mardi d'après Pâques. De quelle maniere on doit proceder le lendemain de la Pentecôte, au mariage des filles qui ont obtenu les bons billets, au païement des aumônes, ou à la conſignation des deniers, au cas que les filles n'aïent trouvé parti pour ſe marier. Le devoir des Officiers & des Procureurs generaux fiſcaux de Nevers, de la principauté de Mantoüe & des terres de Rhethel ou Mazarin, Coulommiers, Picardie, Berry & Leſparre, les ſalaires deſdits Procureurs & les peines impoſées aux Proprietaires des Terres chargées de la fondation & à leurs Officiers & fermiers au cas de contravention.

En marge on a cotté en chiffre Romain les articles de la Fondation, & ceux de l'Instruction en chiffre Arabe.

On a cité aux endroits necessaires les differens Reglemens & les peines ajoûtez par les Arrêts de la Cour.

Et on a mis ensuite de l'Instruction, des Formulaires des procez verbaux, Contrats de mariage, Quittances & autres Actes, pour l'execution de la Fondation.

On espere que ces précautions ne seront pas inutiles, que les Officiers s'appliqueront à l'avenir avec attention à executer exactement tout ce qui est marqué par la presente Instruction, non-seulement parce qu'ils y sont engagez par l'honneur & la conscience, & par le devoir de leurs Charges, mais aussi pour éviter les peines que meriteroient leur negligence, & que les Proprietaires des Terres animez du même esprit & du même zele que les Fondateurs pour le bien public, tiendront la main à ce que leur volonté soit fidellement accomplie.

INSTRUCTION

*EXTRAITE DU CONTRAT DE LA
Fondation faite par défunts Monseigneur Lu-
DOVIC DE GONZAGUES & Madame
HENRIETTE DE CLEVES son Epousé,
Duc & Duchesse de Nivernois & de Rethelois,
pour le mariage de soixante pauvres Filles de
leurs Terres par chacun an à perpetuité, passé
pardevant Cayard & Boreau Notaires au Châ-
telet de Paris, le 14. Fevrier 1588. & de tous
les Arrêts de Reglemens rendus en consequence
jusqu'à ce jour ; ladite Instruction ordonné étre
faite par Arrêt du 26. Juillet 1717.*

*Ensemble des Formulaires pour en faciliter l'exe-
cution.*

1. N CHOISIRA & élira tous les ans
une fille en chaque Paroisse apparte-
nante aux Fondateurs, si petite qu'elle
soit, & les filles des Villages & Ha-
meaux dont il ne leur appartient que
partie, seront comprises dans l'élection de la plus prochaine Paroisse qui leur appartient entierement.

2. LES Paroisses & Terres alienées ne perdent pour
cela leur droit de nommer & presenter une fille, &

Articles de
la Fondation.

Article V.

Articles VI.
VII. VIII.

demeurent toûjours chargées de la Fondation.

Article VIII.   3. IL SERA MARIE' annuellement , suivant la Fondation , dans toutes les Terres appartenantes aux Fondateurs, le nombre DE SOIXANTE FILLES; sçavoir ,

Article IX   4. DANS LE DUCHE' DE NIVERNOIS vingt-deux filles , dont ,

DEUX filles seront prises en la Ville, Châtellenie & Fauxbourgs de Nevers , composez de onze Paroisses, dont le Chef-lieu est l'Eglise de saint Martin de la ville de Nevers, & dans laquelle Eglise se doit faire la seconde & derniere élection.

DEUX autres filles dans les Paroisses restant de ladite Châtellenie & dans les Amoignes, la Marche & Pougues, dont le Chef-lieu est l'Eglise de saint Victor de la ville de Nevers, & dans laquelle Eglise se doit faire la seconde & derniere élection.

DEUX autres dans les Terres de Cuffy, la Guierche, Châtelneuf-sur-Allier, & Paroisses dépendantes, dont le Chef-lieu est l'Eglise de saint Sauveur de la ville de Nevers, & dans laquelle Eglise se doit faire la seconde & derniere élection.

TROIS autres en la Châtellenie de Desise, Champvert, Cercy-la-Tour, Ganna, Charrin, & Paroisses dépendantes, dont le Chef-lieu est ladite Châtellenie de Desise, & dans l'Eglise de laquelle Châtellenie se doit faire la seconde & derniere élection.

DEUX autres filles dans les Villes & Terres de Luzy, Tresillon, Savigny-poil-fol , & Paroisses dépendantes, dont le Chef-lieu est ladite ville de Luzy, & dans l'Eglise de laquelle Ville se doit faire la seconde & derniere élection.

UNE autre en la Ville & Châtellenie de Moulins-les-Engilberts, & Paroisses dépendantes, dont le Chef-lieu est ladite ville de Moulins-Engilberts, & dans l'Eglise de laquelle Ville se doit faire la seconde & derniere élection.

UNE en la Châtellenie de Liernais & saint Brisson, & Paroisses

Paroiſſes dépendantes, dont le Chef-lieu eſt ladite Châtellenie de Lyernais, & dans l'Egliſe de laquelle Châtellenie ſe doit faire la ſeconde & derniere élection.

U N E en la Châtellenie de Montreullon & Paroiſſes
dépendantes, dont le Chef-lieu eſt ladite Châtellenie
de Montreullon, & dans l'Egliſe de laquelle Châtellenie ſe doit faire la ſeconde & derniere élection.

U N E en la Ville & Châtellenie de ſaint Saulge &
Paroiſſes dépendantes, dont le Chef-lieu eſt ladite ville
de ſaint Saulge, & dans l'Egliſe de laquelle Ville ſe doit
faire la ſeconde & derniere élection.

U N E en la Châtellenie de Montenaiſon & Lurcy-le-
Bourg & Paroiſſes dépendantes, dont le Chef-lieu eſt
ladite Châtellenie de Montenaiſon, & dans l'Egliſe de
laquelle Châtellenie ſe doit faire la ſeconde & derniere élection.

U N E dans les Châtellenies de Champallement &
Saxy-Bourdon & Paroiſſes dépendantes, dont le Chef-
lieu eſt ladite Châtellenie de Champallement, & dans
l'Egliſe de laquelle Châtellenie ſe doit faire la ſeconde & derniere élection.

T R O I S autres filles dans les Châtellenies de Metz,
Mouceaux-le-Comte, Neuf-fontaine & Paroiſſes dépendantes, dont le Chef-lieu eſt ladite Châtellenie de
Mouceaux-le-Comte, & dans l'Egliſe de laquelle Châtellenie ſe doit faire la ſeconde & derniere élection.

U N E en la Ville & Châtellenie de Clamecy & Paroiſſes dépendantes, dont le Chef-lieu eſt ladite ville
de Clamecy, & dans l'Egliſe de laquelle Ville ſe doit
faire la ſeconde & derniere élection.

E T U N E en la Ville & Châtellenie de Châtelcenſoy, y compris Surgy & Paroiſſes dépendantes, dont
le Chef-lieu eſt ladite ville de Châtelcenſoy, & dans
l'Egliſe de laquelle Ville ſe doit faire la ſeconde & derniere élection.

5. A U P A Ï S D E D O N Z I O I S membre dépendant   Article IX.
& réüni au Duché de Nevers, ſeront mariées huit
filles, S ç A V O I R.

DEUX en la Ville & Châtellenie de Donzi, compris Pogny, le Châtel de Cofne, Saint-Pere & Mienne & Paroiffes dépendantes, dont le Chef-lieu eft la ville de Donzi, & dans l'Eglife de laquelle Ville fe doit faire la feconde & derniere élection.

UNE en la Châtellenie de Châteauneuf au Val-de-Bargis & Paroiffes dépendantes, dont le Chef-lieu eft ladite Châtellenie de Châteauneuf & dans l'Eglife de laquelle Châtellenie fe doit faire la feconde & derniere élection.

UNE en la Ville & Châtellenie d'Entrain & Paroiffes dépendantes, dont le Chef-lieu eft ladite ville d'Entrain, & dans l'Eglife de laquelle Ville fe doit faire la feconde & derniere élection.

UNE dans les Villes & Châtellenies de Billy & Corvol & Paroiffes dépendantes, dont le Chef-lieu eft ladite ville de Billy, & dans l'Eglife de laquelle Ville fe doit faire la feconde & derniere élection.

UNE en la Ville & Châtellenie de Drüe & Eftais & Paroiffes dépendantes, dont le Chef-lieu eft la ville de Drüe, & dans l'Eglife de laquelle Ville fe doit faire la feconde & derniere élection.

UNE en la Ville & Châtellenie de faint Sauveur & Paroiffes dépendantes fi aucunes y a, dont le Chef-lieu eft la ville de Saint Sauveur, & dans l'Eglife de laquelle Ville fe doit faire la feconde & derniere élection.

ET UNE en la Ville & Baronie de Saint Verain, Cofne & Bohy, compris Alligny & Paroiffes dépendantes, dont le Chef-lieu eft ladite ville de Saint Verain, & dans l'Eglife de laquelle Ville fe doit faire la feconde & derniere élection.

Article X.

6. DANS LES TERRES ASSISES AU PAÏS DE BERRY feront mariées quatre filles, SÇAVOIR,

UNE en la Ville & Châtellenie de la Chapelle d'Angillon & Paroiffes dépendantes, dont le Chef-lieu eft ladite ville de la Chapelle d'Angillon & dans l'Eglife de laquelle Ville fe doit faire la feconde & derniere élection.

UNE en la Souveraineté de Bois-belles & Paroiffes

dépendantes, dont le Chef-lieu eſt ladite Souveraineté de Bois-belles, & dans l'Egliſe de laquelle Souveraineté ſe doit faire la ſeconde & derniere élection.

Une en la Châtellenie des Aix & Paroiſſes dépendantes, dont le Chef-lieu eſt ladite Châtellenie des
Aix, & dans l'Egliſe de laquelle Châtellenie ſe doit
faire la ſeconde & derniere élection.

Et une en la Ville & Châtellenie de Châteaumeillan & Paroiſſes dépendantes, dont le Chef-lieu
eſt ladite ville de Châteaumeillan, & dans l'Egliſe de laquelle Ville ſe doit faire la ſeconde & derniere élection.

7. En la Sirie d'Orval assise au
Païs de Bourbonnois, compris la ville de Saint
Amand & la Châtellenie d'Epineul & Bruyere ſur-
Cher, & Paroiſſes dépendantes, ſeront mariées deux
filles, dont le Chef-lieu eſt la ville de Saint Amand,
& dans l'Egliſe de laquelle Ville ſe doit faire la ſeconde & derniere élection.

Article XI.

8. Au Païs et Duche' de Rethelois,
quinze filles, Sçavoir,

Article XII.

Trois en la Ville & Prevôté de Rethel & du Châ-
telet & Paroiſſes dépendantes, dont le Chef-lieu eſt
la ville de Rethel, & dans l'Egliſe de laquelle Ville
ſe doit faire la ſeconde & derniere élection.

Quatre en la Ville & Prevôté de Mezieres compris Vuarc & la Terre d'Arches & Paroiſſes dépendantes, dont le Chef-lieu eſt la ville de Mezieres, &
dans l'Egliſe de laquelle Ville ſe doit faire la ſeconde
& derniere élection.

Deux en la Prevôté de Donchery & Paroiſſes dépendantes, dont le Chef-lieu eſt ladite Prevôté de
Donchery, & dans l'Egliſe de laquelle Prevôté ſe doit
faire la ſeconde & derniere élection.

Deux en la Prevôté d'Omont & Paroiſſes dépendantes, dont le Chef-lieu eſt ladite Prevôté d'Omont,
& dans l'Egliſe de laquelle Prevôté ſe doit faire la ſeconde & derniere élection

Deux en la Prevôté de Bourq & Paroisses dépendantes, dont le Chef-lieu est ladite Prevôté de Bourq,
& dans l'Eglise de laquelle Prevôté se doit faire la seconde & derniere élection.

Une en la Prevôté de Brieulles & Paroisses dépendantes, dont le Chef-lieu est ladite Prevôté de Brieulles & dans l'Eglise de laquelle Prevôté se doit faire la
seconde & derniere élection.

Et une en la Ville & Baronnie de Rozoy & Paroisse dépendantes, dont le Chef-lieu est ladite ville
de Rozoy, & dans l'Eglise de laquelle Ville se doit
faire la seconde & derniere élection.

Article XIII. 9. En la Principauté de Mantoüe
assise au Païs de Thimerais.

Deux filles dont une sera élûë & mariée en la
Châtellenie de Senonches & Paroisses dépendantes si
aucunes y a, dont le Chef-lieu est ladite Châtellenie
de Senonches, & dans l'Eglise de laquelle Châtellenie
se doit faire la seconde & derniere élection.

Et l'autre en la Châtellenie de Brezolles & Paroisses dépendantes si aucunes y a, dont le Chef-lieu
est ladite Châtellenie de Brezolles, & dans l'Eglise
de laquelle Châtellenie se doit faire la seconde & derniere élection.

Article XIV. 10. En la Ville et Chatellenie de
Coulommiers-en Brie, compris Saint Remy
& autres Paroisses de cette Châtellenie, une fille dont
le Chef-lieu est ladite ville de Coulommiers, & dans
l'Eglise de laquelle Ville se doit faire la seconde &
derniere élection.

Article XV. 11. Dans les Terres situe'es en Picardie, quatre filles; Sçavoir,

Deux en la Châtellenie de Saint Vallery, compris Cambron & Beaumetz & Paroisses dépendantes, dont le Chef-lieu est ladite Châtellenie de Saint
Vallery, & dans l'Eglise de laquelle Châtellenie se

doit faire la feconde & derniere élection.

UNE au Païs de Roc & Cayeu, compris Boulen-
court en Sery & Paroiffes dépendantes fi aucunes y a,
dont le Chef-lieu eft ledit Cayeu, & dans l'Eglife duquel lieu fe doit faire la feconde & derniere élection.

ET UNE en la Châtellenie d'Ault & Paroiffes dépendantes fi aucunes y a, dont le Chef-lieu eft ladite
Châtellenie d'Ault, & dans l'Eglife de laquelle Châtellenie fe doit faire la feconde & derniere élection.

12. ET EN LA SIRIE DE LESPARRE ET PAÏS DE   Article XVI.
MEDOC & Paroiffes dépendantes, deux filles, dont le
Chef-lieu eft la Sirie de Lefparre, & dans l'Eglife de
laquelle fe doit faire la feconde & derniere élection.

13. LE CURE' ou Vicaire du Chef-lieu dira à fon   Art. XVIII.
Prône du Dimanche avant Pâques-fleuries que les Juge,
Procureur Fifcal & Greffier foient avertis d'affifter en
perfonnes au Chef-lieu, pour voir proceder aux élections des filles ledit jour de Pâques-fleuries & Mardi
d'après Pâques.

IL Y A TROIS JOURS DIFFERENS POUR
EXECUTER LA FONDATION.

LE DIMANCHE de Pâques-fleuries on procede
aux élections des filles dans chaque Paroiffe.

LE MARDI d'après Pâques on tire le fort dans
tous les Chefs-lieux entre toutes les filles élûës le Dimanche de Pâques fleuries, tant aux Chefs-lieux, que
dans les Paroiffes qui en reffortiffent.

ET le lendemain de la Pentecôte fe fait le païement
de la dot, fi les filles font mariées, finon on la confi-
gne jufqu'à ce qu'elles aïent trouvé parti pour fe marier.

PREMIERE ELECTION
qui fe fait le Dimanche de Pâques
fleuries.

14. LES CUREZ OU VICAIRES de toutes   Article XX.
les Paroiffes qui ont droit d'élire, avertiront à leur   XXI.
Prône du Dimanche de Pâques fleuries, les Juges, Pro-

cureurs Fifcaux & Greffiers, de s'affembler avec les principaux Habitans & autres Paroiffiens au nombre de
neuf ou fept au moins à l'iffuë de la grande Meffe (*a*)
du Dimanche de Pâques Fleuries pour l'élection d'une
pauvre fille fuivant la Fondation & feront mention de
cet avertiffement fur les regiftres de l'Eglife. (*b*)

(*a*) Refultat de l'Affemblée tenuë en l'année 1660. & Formulaires faits en confequence autorifez par l'Arrêt du 7. Septembre
1661. & ceux depuis rendus.
(*b*) Les Arrêts de 1651. & 1701. enjoignent aux Curez
& Vicaires de faire faire les élections de filles & d'executer
la Fondation en ce qui les concernent, à peine de 10. liv. au
profit de l'Hôtel-Dieu de Paris.

Art. XVIII.

15. D a n s les Paroiffes particulieres où il n'y aura
point d'Officiers établis , les Officiers des Chefs-lieux
pourvoiront de Subftituts pour être prefens aux élections qui fe feront dans les Paroiffes de leur reffort. (*c*)

(*c*) Arrêts de 1688. 1698. & 1720.

Article XIX.

16. L e s Curez ou Vicaires & les Officiers ou leurs
Subftituts n'auront aucune voix deliberative aux élections, mais feront tenus d'y affifter , tant pour ce qui
regarde leur miniftere , que pour veiller à ce que la
Fondation foit fidellement accomplie , fans pouvoir prétendre pour cela aucun falaire , à peine par les Officiers
d'être privez de leurs Offices en cas de connivence. (*d*)

(*d*) Les Proprietaires des Chefs-lieux & leurs Officiers font
tenus de faire proceder exactement aux élections , non feulement
dans les Chefs-lieux , mais auffi dans chacune Paroiffe reffortiffante de chaque Chef-lieu , & d'en dreffer par lefdits Officiers
des procez verbaux en bonne forme , à peine de trois livres
pour chaque défaut d'élection, applicables à l'Hôtel-Dieu, & au
furplus d'executer ponctuellement par lefdits Officiers tout ce
qui eft ordonné par la Fondation & les Arrêts , fous les peines y
portées , de plus grande en cas de recidive , & même d'interdiction, fuivant les Arrêts de 1651. 1695. 1697. 1698. 1713. &
1720.

17. S i la fille élûë l'année précedente a eu un bon
Billet , ou que fans l'avoir obtenu elle foit mariée ou
décedée , ou bien fi elle a declaré ne vouloir joüir de
fon droit , ou qu'elle s'en foit renduë indigne , dans
tous ces cas il faut proceder à l'élection d'une autre

fille dans la forme qui va être expliquée.

18. LA GRANDE MESSE celebrée, les plus anciens & notables Paroissiens qui se trouveront en l'Assemblée au nombre de neuf ou au moins sept, choisiront dans l'Eglise à la pluralité des voix, en presence du Curé ou son Vicaire & des Juge, Procureur Fiscal & Greffier de la Paroisse ou de leurs Substituts, trois hommes & trois femmes de ladite Paroisse qu'ils estimeront les plus charitables pour élire ladite pauvre fille, sans que lesdits neuf ou sept anciens & notables Paroissiens puissent se choisir eux-mêmes ni leurs femmes, fils ou filles pour électeurs ou électrices. *Article XX.*

19. A L'INSTANT sera dressé par le Greffier un procez verbal de cette nomination suivant le Formulaire ci-aprés, page 3. dans lequel seront écrits les noms, surnoms & qualitez desdits trois hommes & desdites trois femmes & de leurs maris, lequel procez verbal sera signé par le Curé ou son Vicaire, par les trois Officiers & par les élisans s'ils sçavent signer, sinon sera fait mention de la cause pour laquelle ils n'auront signé. (*a*) *Article XX.*

(*a*) Resultat & Formulaires faits en 1660. & Arrêts qui les ont autorisez.

20. DUQUEL CHOIX sera donné avis par l'un des habitans ausdits trois hommes & trois femmes afin qu'ils puissent se trouver le même jour en ladite Eglise pour proceder incontinent après les Vêpres à l'élection de la fille, & leur sera delivré une copie signée par le Greffier du procez verbal de leur nomination. *Article XX.*

21. AU CAS que quelques-uns des trois hommes & trois femmes ne se trouvent pas dans l'Eglise après les Vêpres, les Habitans presens en nommeront d'autres en la place des absens. *Article XX.*

22. DES trois hommes & trois femmes choisis en une année, on n'en pourra prendre l'année suivante que deux hommes & deux femmes au plus, à peine de nullité de l'élection. *Art. XXIII.*

Art. XXIV.
XXVI.

IMMEDIATEMENT après les Vêpres, lesdits trois hommes & trois femmes se presenteront dans l'Eglise devant le Curé ou son Vicaire, qui les exhortera de proceder sincerement en leur conscience à ladite élection, & leur fera prêter le serment sur les saints Evangiles en la forme qui suit.

Art. XXV.

24. NOUS jurons & promettons à Dieu sur nôtre part de Paradis, & sur nôtre honneur & conscience, de choisir sans passion, prédilection ni interêt particulier, la fille de cette Paroisse que nous estimerons la plus pauvre & necessiteuse, & sans aucuns moïens, âgée pour le moins de seize ans & au-dessus, sujette des Fondateurs, née en loïal mariage, & dont nous connoissons les pere & mere, baptisée en cette Paroisse, sage & de bonnes mœurs, de la Religion Catholique, Apostolique & Romaine, & qui n'est & n'a esté à nôtre service ni à celui des principaux Officiers, du Curé ou Vicaire de cette Paroisse, depuis un an, & dont nous ne sommes peres, freres ni oncles, & de la qualité requise, & selon l'intention des Fondateurs.

Art. XXVI,

25. LE SERMENT prêté, le Greffier lira à haute voix, distinctement & intelligiblement les articles 18. 20. 23. 25. 28. 29. 33. & 34. de la Fondation. (*a*)

(*a*) Arrêt de 1695.

Art. XXVIII.
XXIX. XXXI

26. CELA FAIT, lesdits trois hommes & trois femmes éliront seuls en la Nef de l'Eglise, du consentement de quatre au moins d'entr'eux, une fille de la qualité ci dessus, préferant l'orpheline aux autres, & la nommeront au Curé ou son Vicaire, Juge, Procureur

cureur Fiſcal & Greffier, & principaux Habitans preſens. (*a*)

(*a*) Arrêts de 1713. & Juillet 1717. portant défenſes d'élire
plus d'une fille en chaque Paroiſſe , à moins que ce ne ſoit un
Chef-lieu où il n'y ait aucune Paroiſſe reſſortiſſante , auquel cas
ſeulement on élit deux filles , ſuivant l'article 37. de la Fondation & le 30. de la preſente Inſtruction.

27. S I leſdits trois hommes & trois femmes n'étoient   Art. XXVII.
d'accord & éliſoient deux filles , les Paroiſſiens qui ſe
trouveront preſens choiſiront la plus digne des deux.

28. D E L A Q U E L L E E L E C T I O N ſera dreſſé par   Art. XXVIII.
le Greffier un procez verbal ſuivant le Formulaire ,   XXIX.
ci-après page 4. lequel fera mention des noms , ſur-   XXXVI.
noms & qualitez requis à la fille par l'article 25. de la
Fondation & le 24. de la preſente Inſtruction , & des
noms , ſurnoms & vacation de ſes pere & mere (*b*)
& ſera ſigné par le Curé ou ſon Vicaire , & les trois Officiers , & par les Electeurs & Electrices , s'ils ſçavent
ſigner , ſinon ſera fait mention de la cauſe pour laquelle
ils n'auront ſigné ; copie duquel procez verbal ſignée
du Greffier ſera delivrée à la fille , pour la repreſenter
le mardi d'après Pâques , afin de tirer au ſort ou celui
qu'elle envoïera pour elle (*c*)

(*b*) Arrêt de 1655. & 1667. Reſultat & Formulaires faits
en 1660. & Arrêts qui les ont autoriſez.
(*c*) Les Arrêts de 1675. 1688. & 1695. condamnent les
trois Officiers en vingt ſols pour chaque faute & omiſſion
qui ſe trouveront dans les procez verbaux du Dimanche des
Rameaux.

29. L A F I L L E élûë l'année precedente qui n'aura   Art. XXXII.
pas obtenu le bon Billet , ſera mandée , & ſi elle de-   XXXIII.
clare qu'elle deſire joüir de ſon droit , les principaux   XXXIV.
                                                                XXXV.
habitans & autres Paroiſſiens , étant aſſemblez après la   XXXVI.
grande Meſſe au nombre de neuf ou ſept au moins , la
confirmeront dans ſon élection en preſence du Curé ou
ſon Vicaire & des trois Officiers , pourvû qu'elle ſoit
toûjours de la qualité requiſe , dont ſera dreſſé procez
verbal par le Greffier en conformité du Formulaire ci-
après , page 1. dans lequel ſeront exprimez les noms , &

C

furnoms de la fille & de fes pere & mere, la qualité du pere, & pour combien de fois elle aura été confirmée dans fon élection (*a*) & fera ledit procez verbal pareillement figné du Curé ou fon Vicaire, des trois Officiers & des habitans prefens & copie fignée du Greffier delivrée à la fille, pour la reprefenter le Mardi d'après Pâques, afin de tirer au fort ou celui qu'elle envoïera pour elle.

(*a*) Refultat & Formulaires faits en 1660. & Arrêts de 1655. 1661. & 1667.

Article XXXVII.

30. DANS les Chefs-lieux où il n'y a aucune Paroiffe reffortiffante, on élira deux filles, (*b*) deforte que celle qui n'a pas obtenu le bon Billet l'année precedente doit être confirmée dans fon élection, & qu'au lieu de celle qui l'a obtenu on en élit une autre dans la forme ci-deffus prefcrite & fuivant le Formulaire ci-après, page 8.

(*b*) C'eft le feul cas où on élit deux filles dans une même Paroiffe.

31. S'il arrivoit que celle des deux filles qui n'a pas obtenu le bon Billet fut décedée ou mariée, ou renduë indigne, ou qu'elle eut declaré ne vouloir joüir de fon droit, au lieu de la confirmer dans fon élection, il en faut élire une autre avec celle qui prendra la place de la fille qui a obtenu le bon Billet l'année précedente, fuivant le Formulaire ci-après, page 13. (*c*)

(*c*) Formulaires de 1660. & Arrêts rendus en confequence.

Art. XXII.

32. S'IL fe commet quelque abus en élifant une fille indigne ou autrement, la Paroiffe où il fera commis fera privée du droit d'élire pendant deux ans & le Curé des cinq ou huit fols à luy attribuez, s'il y a de fa faute.

33. AU CAS que dans quelques Paroiffes il ne fe trouve pas des filles de la qualité requife par la Fondation, il en fera dreffé par le Greffier un procez

verbal fuivant le Formulaire ci-aprés , page 18. en prefence du Curé ou fon Vicaire , du Juge & Procureur
Fifcal ou de leurs Subftituts , & de neuf ou fept Paroiffiens au moins , lequel procez verbal fera certifié &
figné par le Curé ou fon Vicaire & par les trois Officiers , & de plus fera certifié & figné par quatre des
principaux Habitans de ladite Paroiffe ou des lieux voi-
fins, s'il n'y en a pas un fi grand nombre en ladite Paroiffe
qui fçachent figner , à peine de trois livres applicables à l'Hôtel - Dieu de Paris contre les Officiers
de chaque Paroiffe qui auront negligé d'obferver cette
formalité. (*a*)

(*a*) Arrêt de 1701.

SECONDE ELECTION,
au fort qui fe tire le Mardi d'après Pâques.

34. LE MARDI D'APRE'S PASQUES la fille
élûë au Chef-lieu & celles élûës dans les Paroiffes
particulieres , fe trouveront ou perfonne de leur part
dans l'Eglife du Chef-lieu d'où lefdites Paroiffes reffortiffent.

Article
XXXVIII.

35. APRE'S qu'elles auront entendu la Meffe , les
procez verbaux de leurs élections feront examinez par
les Juge , Procureur Fifcal & Greffier *(b)* en prefence
du Curé ou fon Vicaire, & étant trouvez bons & valables , ils feront ranger les filles ou leurs envoïez dans
l'endroit le plus fpacieux de l'Eglife , felon l'ordre des
Paroiffes defignées dans le livre de la Fondation , fans
le pouvoir changer , fous peine d'être lefdits Officiers
eftimez indignes de tenir aucun état , & les parens &
amis defdites filles feront placez derriere elles pour
prendre garde qu'il ne foit commis aucun abus à leur
préjudice.

Art. XXXIX.
XL.

(*b*) Les Officiers font tenus d'être prefens à l'Election ,
au fort le Mardi d'après Pâques , & en font refponfables ,
Arrêts de 1663. & 1688.

36. SI on avoit élû une fille qui ne fut pas de la qua-
C ij

lité requife, ou que dans le procez verbal de fon élection on n'eut pas obfervé les formalitez prefcrites par
la Fondation & par le Formulaire, elle fera renvoïée
fans être admife au fort. *(a)*

(*a*) Formulaires de 1660. & Arrêts rendus en confequence.

Art. XLII. 37. ENSUITE fera fait lecture par le Curé ou fon
Vicaire à haute voix & diftinctement de l'art. 38. jufques & compris le 53. de la Fondation.

Art. XLIV. 38. PUIS le Greffier fera en prefence de toute l'affemblée autant de billets que les filles qui feront prefentes auront été élûës & confirmées de fois dans leurs
élections le Dimanche de Pâques fleuries pour tirer au
fort. *(b)*

(*b*) Refultat de l'affemblée tenuë en 1660. & Formulaires
faits en confequence autorifez par l'Arrêt du 7. Septembre
1661. & ceux depuis rendus.

Art. XLIV. 39. ON écrira ces mots (DIEU VOUS A ELUE)
fur autant de billets qu'il y aura d'aumônes deftinées
pour le Chef-lieu, & fur tous les autres (DIEU
VOUS CONSOLE)

Art. XLIV. XLV. 40. TOUS les billets feront d'une même grandeur,
roulez & enfermez avec une bague de fer, comptez
foigneufement & mis dans un pot couvert de linge,
lequel fera fecoüé pour les mieux mêler.

Art. XLV. 41. CE POT fera prefenté à un enfant âgé au-deffous
de dix ans qui ne fera proche parent des filles, lequel
aïant le bras nud & les doigts ouverts, tirera les billets
l'un après l'autre pour les diftribuer aux filles, en commençant à celle du Chef-lieu qui fera la premiere en
rang, enfuite à la feconde & ainfi des autres. *(c)*

(*c*) 8. Mars & 20. Decembre 1713. & 26. Juillet 1717.
Arrêts qui enjoignent aux Officiers de faire tirer tous les
Billets au fort par un feul Scrutin entre toutes les filles qui
comparoîtront au Chef-lieu avec les qualitez requifes & des
procez verbaux en bonne forme, à peine de nullité & de privation des diftributions.

42. AUSQUELLES filles il donnera autant de billets qu'elles auront été élûës & confirmées de fois
dans leurs élections le Dimanche de Pâques fleuries

pour tirer au fort , c'eſt-à-dire que celle qui aura été élûë pour la premiere fois , n'aura qu'un billet , celle qui aura été élûë & confirmée dans ſon élection pour la ſeconde fois en aura deux , celle qui aura été élûë & confirmée dans ſon élection pour la troiſiéme fois en aura trois , celle qui aura été élûë & confirmée dans ſon élection pour la quatriéme fois en aura quatre , & ainſi des autres qui auront été élûës & confirmées plus ou moins de fois dans leurs élections le Dimanche de Pâques fleuries. (*a*)

(*a*) Reſultat de l'aſſemblée de l'année 1660. & Formulaires faits en conſequence autoriſez par l'Arrét du 7. Septembre 1661. & ceux depuis rendus.

43. A MESURE que l'enfant tirera un billet, la fille à qui il le donnera, le lira , ou fera lire par ſes parents ou amis & en même-tems par le Greffier. Art. XLV.

44. SI les bons billets échoient aux premieres filles on ne laiſſera pas de continuer cet ordre & de tirer juſqu'au dernier billet. Art. XLVI.

45. ARRIVANT que pluſieurs bons billets tombent à une même fille , on remettra les ſurnumeraires dans le pot & on en tirera d'autres écrits (DIEU VOUS CONSOLE) parce qu'une fille ne doit avoir qu'un bon billet. Art. XLVII.

46. AU CAS qu'il n'y ait pas plus de filles preſentes que de bons billets à diſtribuer, ils ſeront donnez auſdites filles preſentes ſans les tirer au fort.

47. ET s'il y avoit moins de filles preſentes que de bons billets , ceux qui reſteront , ſerviront l'année ſuivante à augmenter le nombre des mariages.

48. TOUT le fort tiré , le Curé ou ſon Vicaire , le Juge , Procureur Fiſcal & Greffier donneront à chacune des filles qui auront eu un bon billet, un Certificat ſigné d'eux , & écrit par le Greffier , portant que le fort eſt tombé à une telle, fille de tel & telle, de la qualité requiſe par la fondation & d'une telle Paroiſſe, ainſi qu'il ſera exprimé au Formulaire, ci-après, page 33. lequel Certificat lui ſervira pour ſe faire païer des 50 livres deſtinées par la Fondation pour le mariage de chaque fille , Art. XLVIII.

à quoi les Officiers tiendront exactement la main , fur peine de s'en prendre à eux.

Articles XLIX. L. 49. Au mesme instant le Procureur Fifcal retirera de ces filles les procez verbaux de leurs élections du Dimanche de Pâques fleuries , & leurs parens feront avertis de leur trouver parti pour fe marier dans le jour de la Pentecôte , s'il eft poffible.

Art. LXVIII. 50. Sera dreffé par le Greffier en prefence du Curé ou fon Vicaire , des Juge & Procureur Fifcal & des principaux habitans du Chef-lieu qui fe trouveront dans l'Eglife , un procez verbal de tout ce qui aura efté fait le Mardi d'après Pâques , fuivant le Formulaire , ci-après , page 22. lequel procez verbal fera mention des noms , furnoms , & âges de toutes les filles prefentes , des noms de leurs Paroiffes , des noms , furnoms & qualitez de leurs peres & meres , combien d'année de fuite elles auront tiré , & du nombre de billets qu'on leur aura donné , & fera figné par le Curé ou fon Vicaire & par les trois Officiers. *(a)*

(*a*) Formulaires faits en 1660. & Arrêts rendus en confequence

Arrêt de 1688.

Arrêts de 1675. 1688. & 1695. peine de vingt fols contre les Officiers pour chaque défaut & omiffion qui fe trouveront dans les procez verbaux du Mardi d'après Pâques.

Art. LI. 51. Les filles qui n'auront point eu de bons billets reviendront au Chef-lieu l'année fuivante & les fubfequentes avec les procez verbaux de confirmation de leurs élections du Dimanche de Pâques fleuries , pour tirer au fort en la forme ci-deffus avec les filles élûës depuis dans les Paroiffes dont les filles auront eu de bons billets.

Art. LII. 52. Outre les 50 livres de dot , ceux qui auront époufé les filles , feront preferez à d'autres pour exercer les Offices de Notaires , Sergens , Geoliers , Concierges , Gardes-bois , Meffagers & autres femblables Offices , s'ils en font capables.

Art. LIII. 53. Les Curez ou Vicaires de chaque Paroiffe qui joüit de la Fondation feront dire tous les Dimanches un

Pater & un *Ave* pour les Fondateurs & leurs succeſſeurs.

54. En reconnoiſſance de cette peine & du ſoin qu'ils prendront pour l'execution de la Fondation, leur ſera païé par le Fermier ou Receveur le Lundi de la *Quaſimodo* ; ſçavoir, huit ſols au Curé du Chef-lieu , & cinq ſols aux Curez des Paroiſſes reſſortiſſantes.   Art. LIV.

55. Si l'on manque dans quelque Chef-lieu de faire chaque année l'élection du Mardi d'après Pâques , alors les filles élûës le Dimanche de Pâques fleuries dans les Paroiſſes de ce Chef-lieu ſe retireront ou leurs envoïez au plus prochain Chef-lieu , pour y tirer le ſort en la forme ci-deſſus , après que celui ordinaire dudit plus prochain Chef-lieu aura eſté tiré.   Art. XVII.

56. S'il ſe commet quelque abus ou malverſation en l'élection du Mardi d'après Pâques en favoriſant une fille indigne de l'aumône ou autrement , le Chef-lieu où il aura eſté commis ſera privé pour deux ans de ladite élection, laquelle en ce cas ſera transferée en la Paroiſſe du plus prochain Chef-lieu , ou après que les Officiers auront tiré le ſort ordinaire , ils en feront tirer ſéparement un autre pour les filles des Paroiſſes dépendantes du Chef-lieu qui aura commis l'abus , non compris la Paroiſſe du Chef-lieu même où l'abus auroit eſté commis , & les huit ſols deſtinez pour le Curé de ce dernier Chef-lieu ſeront donnez au Curé de celui où ſe fera la deuxiéme élection, à moins que l'autre Curé ne juſtifia n'y avoir participé.   Art. XXII.

57. Les filles qui ne ſeront mariées dans le Lundi de la Pentecôte ne perdent pour cela le droit qui leur eſt acquis par la ſeconde élection , mais l'aumône leur eſt conſervée juſqu'à ce qu'elles aïent trouvé un parti convenable , pourvû qu'elles vivent toûjours catholiquement & en filles de bien.   Art. LVIII.

58. Si la fille qui a obtenu un bon billet décede ſans être mariée , ſon aumône eſt transferée à celle de ſes ſœurs plus prête à marier & de la qualité portée par la Fondation.   Art. LIX.

59. Il y a trois cas où les aumônes retournent au profit de la Fondation.

Art. LX.

L E P R E M I E R , quand la fille décede fans laiffer de fœurs capables d'y fucceder.

L E S E C O N D , quand elle s'en eft renduë indigne par fa mauvaife conduite.

L E T R O I S I E' M E , quand elle s'eft mariée fans attendre que le fort du bon billet lui foit échû , ou qu'elle a declaré n'en vouloir profiter.

60. E N l'un ou l'autre de ces cas, on tirera au fort le Mardi d'après Pâques de l'année fuivante un bon billet de plus, s'il y a une fille dans le cas ci-deffus, ou plufieurs , s'il y en a plufieurs , afin qu'il foit marié une ou plufieurs filles de plus en ladite année , & confequemment on mettra de moins autant de billets fous le titre , D I E U V O U S C O N S O L E , qu'il y aura de bons billets furnumeraires.

61. C' E S T pourquoi les aumônes ne doivent être delivrées aux filles qu'après leur mariage.

Art. LV.

62. M A I S auffitôt qu'elles auront trouvé parti, elles fe prefenteront avec leurs futurs époux & quelques parens ou amis au lieu principal & pardevant les trois Officiers du Chef-lieu , pour être leur Contrat de mariage redigé par écrit par le Greffier, en prefence du Juge & du Procureur Fifcal, fuivant le Formulaire ci-après , page 50. par lequel Contrat elles feront exhortées de prier Dieu pour les Fondateurs & pour les en faire fouvenir, leur fera donné une bague d'argent de valeur de cinq fols qui fervira à la benediction nuptiale. (a)

(a) Arrêts de 1675. 1688. & 169<. peine de vingt fols pour chaque défaut & omiffion qui fe trouveront dans les Contrats de mariage.

Articles.
LVI. LVII.

63. E L L E S feront auffi averties de ne faire aucuns frais de nôces, à peine de privation de leurs aumônes qui feront refervées pour marier d'autres filles dans la forme prefcrite par la prefente Inftruction.

64. L E mariage fera celebré dans la Paroiffe de la fille.

LENDEMAIN

LENDEMAIN DE LA PENTECOSTE.

65. Le lundi de la Pentecoste les filles qui auront obtenu les bons billets se presenteront à huit heures du matin au Chef-lieu pardevant le Curé ou son Vicaire & les Juge, Procureur Fiscal & Greffier dudit Chef-lieu, ou le Fermier ou Receveur sera tenu de se trouver pour representer les deniers des aumônes dont la Châtellenie est chargée, soit que les filles soient mariées ou non mariées, presentes ou non presentes, à peine de dix sols par jour de retard pendant la premiere année, si tant ils sont en demeure & de vingt sols par mois pendant les subsequentes, jusqu'à ce que les aumônes se trouvent valablement païées ou consignées, ladite peine applicable au profit des pauvres de l'Hôtel-Dieu de Paris. (a)

Articles
LV. LXII.
LXIII.

(a) Arrêts de 1656. 1661. 1662. 1675. 1688. & 1695.

66. Les filles qui seront mariées viendront avec leurs maris & recevront du Fermier ou Receveur la somme de cinquante livres chacune pour leur dot, qu'il sera tenu de leur païer comptant sous la peine portée en l'article precedent, à la deduction neanmoins de cinq sols pour la bague & de cinq sols pour le Greffier, dont ils donneront quittance au pied du Contrat de mariage, laquelle sera redigée par le Greffier suivant le Formulaire ci après, page 53. & signée par la fille & son mari s'ils sçavent signer, & par le Curé ou son Vicaire & les trois Officiers, dont sera délivré deux copies signées du Curé ou son Vicaire & des trois Officiers, l'une au Fermier pour sa décharge, l'autre au Procureur Fiscal. (b)

Art. LVIII.

(b) Arrêts de 1675. 1688. & 1695. peine de vingt sols pour chaque défaut & omission qui se trouveront dans les quittances des aumônes.

67. Le Contrat de mariage & la quittance de la dot seront lûs le même jour devant la porte de

Articles
LVI. LVII.

D

l'Eglife du Chef-lieu en prefence du Curé ou fon Vicaire, de la fille & de fon mari.

Art. LXIII.   68. L es filles qui n'auront trouvé parti pour fe marier viendront avec leurs peres & meres ou leurs tuteurs ou trois ou quatre de leurs proches parens ou amis pour faire configner leurs dots de cinquante livres chacune entre les mains d'un notable Bourgeois ou Marchand qu'elles nommeront par leur avis au Curé ou fon Vicaire & aux trois Officiers, & le feront comparoître devant eux pour s'en charger par corps, foit par forme de dépôt, ou pour leur en païer l'interêt, fi mieux ils n'aiment qu'elles reftent entre les mains du Fermier ou Receveur, à la même condition.

69. Il est tres expreffément défendu aux Officiers de recevoir pour dépofitaires ou confignataires des aumônes, les peres & meres, freres & oncles des filles, Prêtres, Curez & autres Ecclefiaftiques, Gentilshommes & Officiers de Juftice, encore qu'elles y confentent. (a)

(a) Arrêts de 1667. & 1695.

Art. LXIII.   70. S i le dépofitaire, foit marchand ou fermier, ne veut fe charger de l'aumône que par forme de dépôt & fans interêts, il fera tenu de la païer à la fille trois jours après fon mariage. (b)

(b) Refultat & Formulaires de l'année 1660. & Arrêts de Reglemens rendus en confequence.

Art. LXIV.   71. S'il convient d'en païer les interêts, il aura terme de fix mois ou autre plus court pour rendre ladite fomme.

Art. LXIV.   72. F aute de fatisfaire dans le tems convenu, le dépofitaire ou confignataire fera contraint par corps au païement de l'aumône & des interêts, s'ils ont efté ftipulez, & outre fera tenu par les mêmes voïes de païer pour le retard dix fols par jour pendant la premiere année & vingt fols par mois pendant les fubfequentes, applicables au profit des pauvres de l'Hôtel-Dieu comme il eft porté en l'article 65. de la prefente Inftru-

&ction (*a*) en païant laquelle peine les interêts cesse-
ront.

(*a*) Arrêts de 1675. 1688. & 1695.

73. Ne pourront les dépositaires se dessaisir des aumônes qu'en la presence des Juge, Procureur Fiscal & Greffier de la Châtellenie à peine de païer le double. (*b*)

(*b*) Arrêts de 1688.

74. Duquel depôt ou consignation sera dressé
procez verbal en presence du Curé ou son Vicaire & des   Art. LXVIII.
trois Officiers conforme au Formulaire, ci-après, page
35. par lequel les dépositaires ou consignataires, soit
Fermiers ou autres, s'obligeront par corps à la resti-
tution des aumônes dans les tems convenus & se soû-
mettront aux peines ci-dessus exprimées, & sera fait
mention de leurs noms, surnoms, qualitez & demeures
& de leurs cautions & certificateurs ; ensemble des
interêts s'ils ont esté stipulez, à peine de dix livres contre les Juge, Procureur Fiscal & Greffier (*c*)
lequel procez verbal sera signé par le Curé ou son
Vicaire & par les trois Officiers & encore par la fille,
ses pere & mere ou tuteurs, parens ou amis & par
les dépositaires, cautions & certificateurs, s'ils sçavent signer, sinon sera fait mention de la cause pour
laquelle ils n'auront signé, une expedition duquel procez verbal signée du Curé ou de son Vicaire, & des
Juge, Procureur Fiscal & Greffier, sera delivrée à la
fille pour se faire païer de son aumône quand elle sera
mariée. (*d*)

(*c*) Arrêt de 1688.
(*d*) Arrêts de 1675. 1688. & 1695. peine de vingt sols
pour chaque défaut & omission qui se trouveront dans le
procez verbal du lendemain de la Pentecôte.

75. Si la fille ne se presentoit pas le lendemain de
la Pentecôte, les Officiers seront tenus de l'avertir de se
trouver au Chef-lieu le plus prochain jour de fête que
faire se pourra, où le Fermier sera tenu de se trouver pour
païer l'aumône à la fille, si elle est mariée, ou être

confignée de fon confentement, fous la même peine de dix fols par jour de retard pendant la premiere année & de 20. fols par mois pendant les fuivantes, applicables comme deffus. (*a*)

(*a*) Arrêt de 1688.

76. T o u t e s les aumônes qui n'auront point efté confignées, foit par le défaut de comparution des fermiers & des filles ou autrement, feront remifes en fin de chaque année par les proprietaires des terres chargées de la Fondation à la recette de l'Hôtel-Dieu par forme de depôt & fans interêts, pour être renduës, fans frais, aux filles à qui elles appartiendront lorfqu'elles feront mariées, en rapportant expedition de leurs contrats & actes de celebration de leur mariage avec les quittances dans la forme prefcrite par la Fondation & par la prefente Inftruction. (*b*)

(*b*) Arrêt de 1701.

Art. LVIII.

77. L o r s que la fille dont l'aumône aura efté confignée aura trouvé parti, elle fe prefentera au Cheflieu avec fon futur époux & quelques parens pardevant les trois Officiers, pour être fon contrat de mariage redigé fuivant les art. 62. & 63. de la prefente Inftruction.

Art. LVIII.

78. E t quand elle fera mariée elle fe tranfportera avec fon mari un jour de fête au Chef-lieu où le dépofitaire fera tenu de fe trouver pour lui païer l'aumône dont il aura efté chargé, à la déduction de cinq fols pour la bague & de cinq fols pour le Greffier, fous la peine de dix fols par chaque jour de retard pendant la premiere année, & de vingt fols par mois pendant les fubfequentes, le tout ainfi qu'il eft porté aux articles 66. 67. & 72. de la prefente Inftruction, duquel païement fera dreffé quittance, fuivant le Formulaire ci-après, page 51.

79. A p r e' s trois ans les aumônes quoique confignées, mais non diftribuées, feront remifes au Receveur de l'Hôtel-Dieu de Paris qui s'en chargera par forme de dépôt fans interêts, jufqu'à ce que les filles

à qui elles appartiendront foient mariées , à quoi faire les proprietaires des terres chargées de la Fondation , leurs fermiers & les dépofitaires feront contraints. *(a)*

(*a*) Arrêts de 1695. & de Juillet 1717.

DEVOIRS DES OFFICIERS.

80. LE GREFFIER de chacun Chef-lieu tiendra un regiftre feparé de tous les procez verbaux, certificats , contrats de mariage & quittances , & en fortant de charge il fera tenu par corps de le delivrer à fon fuccefleur.

Art. LXVIII.

81. DESQUELS procez verbaux , contrats de mariage & quittances il fournira copies collationnées en bonne forme fignées du Curé ou Vicaire , & des Juge, Procureur Fifcal & Greffier de chaque Paroiffe (*b*) dans le quinze Juin de chacune année au Procureur Fifcal du Chef-lieu , à peine de trois écus applicables, moitié audit Procureur, l'autre moitié à la Fabrique de l'Eglife où la fille aura efté mariée.

Idem.

(*b*) Refultat de l'Affemblée tenuë en 1721.

82. LES copies des contrats de mariage & quittances feront écrites fur des feüilles particulieres & féparées de celles des procez verbaux.

83. POUR toutes lefquelles écritures & vacations le Greffier ne pourra prétendre que cinq fols fur chaque aumône , à peine de concuffion & de reftitution du quadruple.

Idem.

84. LE PROCUREUR FISCAL envoïera tous les ans dans la veille de faint Jean 23. Juin au plus tard au Procureur General Fifcal de la Seigneurie, les copies defdits procez verbaux , contrats de mariage & quittances fignées comme dit eft des Curez, Juges, Procureurs Fifcaux & Greffiers , à peine de privation des deux derniers quartiers de fes gages qui appartiendront audit Procureur General Fifcal pour l'indemnifer des frais qu'il aura faits pour contraindre ledit Procureur Fifcal. *(c)*

Art. LXIX.
LXX.

(*c*) Arrêts de 1655. & 1663.

Art. LXXIII. 85. **Le Procureur General** Fiscal du Domaine de Nevers fera un extrait des procez verbaux, contrats de mariage & quittances qu'il aura reçûs des Procureurs Fiscaux des Chefs-lieux de sa dépendance, contenant seulement les noms des filles & de leurs peres & meres ou maris, le païement des aumônes ou le dépôt avec les noms des dépositaires, & que les élections ont esté bien faites, ou qu'il y a trouvé quelques fautes qu'il cottera & en fera son rapport en la Chambre des Comptes de Nevers le lendemain de saint Jean-Baptiste. *(a)*

(*a*) Arrêt de 1665.

Art. LXXIV.
LXXV. 86. **Auquel** jour les gens des Comptes, Avocat & Procureurs Generaux Fiscaux du Duché, après avoir lû en leur Chambre les art. 60. jusques & compris le 76. de la Fondation, examineront si tous les Procureurs Fiscaux auront envoïé tous les procez verbaux, contrats de mariage & quittances, & si la Fondation aura esté bien executée & en feront memoire par ledit extrait qui sera signé des Officiers presens & en sera fait deux copies signées des mêmes Officiers, dont une sera envoïée par le Procureur du Domaine avec tous les procez verbaux, contrats de mariage, & quittances signez, comme dit est, des Curez, Juges, Procureurs Fiscaux & Greffiers, à Messieurs les Administrateurs de l'Hôtel-Dieu de Paris dans le vingt-deux Juillet de chacune année au plus tard, *(b)* de la delivrance desquels il retirera un Certificat de leur Greffier, & mettra la minutte dudit extrait en la laïette à ce destinée en la Chambre des Comptes de Nevers.

(*b*) Arrêts de 1651. 1655. 1698. & 1713.

Art. LXXIX.
LXXX.
LXXXI.
LXXXII.
LXXXIII.
LXXXIV. 87. **Pareils** examens & extraits avec les Officiers des lieux seront faits en même ordre, maniere & jours dans le Duché de Rethel, principauté de Mantoüe, Coulommiers, terres de Picardie & Lesparre, & envoïez par les Procureurs Generaux Fiscaux desdits lieux avec les procez verbaux, contrats

31

de mariage & quittances fignées comme dit eft des Juges , Procureurs Fifcaux & Greffiers dans les mêmes
tems & aux mêmes perfonnes. (*a*)

(*a*) Arrêts de 1651. 1655. 1663. 1697. 1698. & 20.
Decembre 1713.

88. Les Procureurs Fifcaux des terres qui
ne dépendent d'aucun Procureur General Fifcal feront tenus d'envoïer directement dans ledit jour 22.
Juillet au plus tard les procez verbaux , contrats de
mariage & quittances fignées comme dit eft , avec un
memoire des défauts , fi aucuns y a. (*b*)

(*b*) Refultat de 1660. art. 29. & Arrêts rendus en confequence.

89. Si les filles n'ont point efté mariées dans
le vingt-cinq Août, on ne laiffera pas d'envoïer les procez verbaux du Dimanche des Rameaux , Mardi d'a-
près Pâques & lendemain de la Pentecôte dans le tems
limité par la Fondation , mais les contrats de mariage &
quittances ne feront envoïez que dans le 22. Juillet,
qui fuivra la celebration du mariage. (*c*)

(*c*) Arrêt de 1663.

90. Les Proprietaires , Officiers & Re-
ceveurs des terres chargées de la Fondation font folidairement refponfables de fon execution & tenus de
l'envoi des procez verbaux , contrats de mariage &
quittances dans le tems fixé par la Fondation. (*d*)

(*d*) Arrêt de 1667.

91. Les Proprietaires des terres aliennées
font tenus de garder inviolablement la Fondation &
de faire envoïer les procez verbaux , contrats de mariage & quittances au Bureau de l'Hôtel-Dieu dans
le 22. Juillet de chacune année , à peine de tous dé-
pens, dommages & interêts & de foixante livres pour
chaque défaut applicables audit Hôtel-Dieu. (*e*)

Article
LXXXVII.

(*e*) Arrêt de 1655.

92. **TERRES** échangées, venduës, ou autrement alliennées font chargées des aumônes & peines pour lefquelles elles pourront être faifies réellement & venduës par decret fur les proprietaires, dont les autres immeubles feront auffi faifis réellement & leurs meubles executez faute de rapporter par eux, leurs Officiers, ou fermiers les procez verbaux de l'execution de la Fondation, contrats de mariage & quittances. *(a)*

(*a*) Arrêt de 1656.

93. **PEINE** de cinq fols par chaque jour de retard depuis le 31. Juillet jufqu'au 25. Août contre chacun des Juges, Procureurs Fifcaux & Greffiers des Châtellenies, de l'envoi des procez verbaux du Dimanche de Pâques fleuries, Mardi d'après Pâques & lendemain de la Pentecôte dans le 22. Juillet de chacune année, & paffé ledit jour 25. Août, peine de trois livres contre chacun defdits trois Officiers. (*b*)

(*b*) Arrêts de 1675. & 1688.

94. **PEINE** de trois livres contre les proprietaires des Châtellenies pour le défaut de l'envoi dans le même tems de chaque procez verbal d'élection du Dimanche des Rameaux. (*c*)

(*c*) Arrêt de 1695.

95. **PEINE** de 10 livres contre chacun des Juges, Procureurs Fifcaux & Greffiers des Châtellenies pour chacun défaut d'envoïer à l'Hôtel-Dieu dans le 22. Juillet les contrats de mariage & quittances des aumônes des filles mariées. *(d)*

(*d*) Arrêt de 1688.

96. **PROPRIETAIRES**, Procureurs Fifcaux & Fermiers font folidairement tenus des aumônes & des peines & lefdits proprietaires garands de leurs Officiers & de tous les défauts des précedens proprietaires. *(e)*

(*e*) Arrêts de 1656. 1659. 1667. & 1675.

97.

33

97. O u t r e les peines pour les manquemens aux
formalitez de la Fondation , une Châtellenie aïant
manqué au mariage actuel du nombre des filles dont
elle est chargée , faire les élections & païer ou configner les aumônes ; le proprietaire de ladite Châtellenie , soit qu'elle ait esté alienée ou non , païera pour
la premiere fois le double desdites aumônes pour marier des filles extraordinairement l'année suivante dans
la forme prescrite par la Fondation & la presente
Instruction , & soixante livres à l'Hôtel-Dieu dans le
jour de saint Loüis de ladite année. Article
LXXXVIII.

98. S i en l'année suivante ou seconde année on man-
quoit dans la même Châtellenie à marier le nombre
des filles ordinaires & extraordinaires de l'année precedente , & l'ordinaire de la courante , & d'envoïer à
l'Hôtel-Dieu tous les procez verbaux , contrats de mariage & quittances , & d'avoir païé à l'Hôtel-Dieu les
60 livres ci-dessus dans la saint Loüis precedente , le
proprietaire païera encore le double de toutes les aumônes ordinaires & extraordinaires de l'année précedente & de la courante , & 120 livres à l'Hôtel-Dieu. Article.
LXXXIX.

99. S i en la troisiéme année on continuë les mêmes défauts en ladite Châtellenie , soit de marier le nombre
des filles ordinaires & extraordinaires de la premiere
& seconde année , & l'ordinaire de la troisiéme & d'en
avoir envoïé les procez verbaux à l'Hôtel-Dieu avec
les contrats de mariage & quittances , soit d'avoir païé
à l'Hôtel-Dieu , 120 livres , le proprietaire païera le
double des aumônes ordinaires & extraordinaires de
trois années , & 240 livres à l'Hôtel-Dieu. Article
LXXXIX.

100. E t ladite Châtellenie continuant ainsi d'année
en année consecutivement les mêmes défauts , le proprietaire païera toutes lesdites années le double des
aumônes & de la peine düe à l'Hôtel-Dieu. Article
LXXXIX.

101. D e p l u s , si le proprietaire de la Châtellenie
ainsi défaillante d'année en année faisoit de son vivant
défaut par trois fois d'accomplir les mariages en la forme
portée par la Fondati on , la moitié du revenu de ladite
Châtellenie appartiendra à l'Hôtel-Dieu pour en joüir Art. XC.

E

tant qu’on differera d’executer la Fondation.

Art. XCI.

102. Si les proprietaires des Châtellenies contrevenoient à la Fondation en la mettant au néant, en empêchant l’execution, emploïant les deniers à autre Fondation ou ailleurs, en y innovant, changeant & y commettant quelques abus, les Fondateurs ont donné pour chaque contravention annuelle 12000 livres à l’Hôtel-Dieu, aux Convents des quatre Mandiants & aux Minimes de Nigeon par égale portion, païables par les proprietaires des Châtellenies où ces abus & fautes auront esté commis.

Article CV. CIX.

103. Le Fermier de la Châtellenie de Coulommiers païera par chacun an le premier Juillet au Receveur de l’Hôtel-Dieu, la somme de 450 livres, tant pour le païement des arrerages de la rente donnée par les Fondateurs à l’Hôtel-Dieu, que pour ce qui doit être donné aux quatre Convens Mandiants & Minimes de Nigeon, bourses, bougies & autres frais mentionnez dans la Fondation, & faute par les fermiers d’y satisfaire ledit jour, ils païeront trois livres pour chaque jour de retard applicables à l’Hôtel-Dieu.

104. Les Fermiers des Châtellenies de Senonches & Bressolles païeront pareillement au Receveur de l’Hôtel-Dieu par chaque année le premier Juillet, la somme de 207 livres pour supplement des frais necessaires pour executer la Fondation, sous la même peine de trois livres par chacun jour de retard. *(a)*

(*a*) Arrêts de 1651. 1654. & 1661.

105. Les Arrests qui seront rendus pour l’execution de la Fondation seront enregistrez aux Greffes des Justices de chacune Châtellenie, & les Officiers tenus d’envoïer copies des enregistremens signées d’eux dans un mois du jour qu’ils les auront reçûs. (*b*)

(*b*) Arrêt de 1720.

Fin de l’Instruction.

FORMULAIRES

DES

PROCEZ VERBAUX

ET

DES AUTRES ACTES NECESSAIRES

POUR L'EXECUTION

DE LA FONDATION.

A PARIS,

Chez LOUIS-DENIS DELATOUR & PIERRE
SIMON, Imprimeurs du Parlement & de la Cour
des Aydes, ruë de la Harpe, aux trois Rois.

MDCCXXII.

FORMULAIRES

DES PROCEZ VERBAUX
& des autres Actes neceſſaires pour l'execution de la Fondation.

DIMANCHE DE PASQUES FLEURIES.

Pour les Paroiſſes particulieres, & pour les Chefs-lieux où il y a des Paroiſſes reſſortiſſantes.

Procez verbal de continuation d'une fille en ſa premiere élection.

1. L'AN mil ſept cens   le   jour du mois de   Dimanche de Pâques-fleuries, après la grande Meſſe celebrée en l'Egliſe de   Pardevant nous   Curé   Juge Procureur Fiſcal, &   Greffier dudit lieu, ſe ſont aſſemblez les Paroiſſiens de ladite Egliſe, tant des plus anciens & notables qu'autres, au nombre de   Sçavoir,

Il faut mettre l'année, le jour & le mois, & le nom de la Paroiſſe.

Mettre les noms & ſurnoms du Curé & des trois Officiers.

Il faut 9. Paroiſſiens ou au moins 7. & mettre leurs noms, ſurnoms & qualitez.

ſuivant l'avertiſſement qui leur en fut fait au Prôné du Dimanche de la Paſſion dernier, & réïteré ce jourd'hui, pour vacquer à ce qui eſt requis de leur part pour l'execution de la Fondation du mariage de ſoixante pauvres filles par chacun an, faite par défunts Monſeigneur le Duc & Madame la Ducheſſe de Nivernois & de Rethelois.

A

Mettre les noms & furnoms de la fille & de fes pere & mere, la qualité du pere, & pour combien de fois elle a été élûë l'année precedente.

Mettre pour combien de fois elle fera confirmée dans fon élection.

Mettre le nom du Chef-lieu.

2. Et s'étant lefdits Paroiffiens enquis, & aïant trouvé que   fille de   & de   fa femme, qui fut élûë l'année derniere pour la   fois, & qui n'a pas obtenu le fort du bon Billet, eft encore de la qualité requife, aïant toûjours vêcu catholiquement & en fille de bien, & non mariée, elle a été mandée, & après qu'elle a declaré qu'elle defiroit joüir du droit qui lui eft acquis par fa premiere élection, ils l'ont élûë & confirmée pour la   fois,

3. Et l'ont avertie de fe trouver le Mardi d'après Pâques prochain en l'Eglife de   avant la grande Meffe, pour tirer au fort, & en cas d'empêchement, d'y envoïer quelqu'un de fa part pour tirer le fort pour elle, à l'effet dequoi lui a été délivré une expedition du prefent procez verbal, afin de la reprefenter lorfqu'elle viendra pour tirer au fort, ou celui qu'elle envoïera pour elle.

4. En témoin dequoi nous Curé, Juge, Procureur Fifcal & Greffier fufdits, avons figné le prefent procez verbal les jour & an que deffus avec ladite fille & lefdits Paroiffiens ci-deffus nommez.

Si la fille & quelques-uns des Paroiffiens ne fçavent pas figner; il faut ajoûter,

Mettre feulement les furnoms de ceux qui ne fçavent pas figner.

Excepté ladite fille & lefdits qui ont declaré ne fçavoir écrire ni figner, de ce interpellez.

Et fi tous ne fçavent pas figner, il faut après les mots, les jour & an que deffus, mettre ceux-ci,

Et ont lefdits Paroiffiens & ladite fille declaré ne fçavoir écrire ni figner, de ce interpellez.

Procez verbal d'élection d'une fille, au lieu de celle qui a été élûë l'année précedente.

1. L'AN mil sept cens   le
jour du mois de   Dimanche
de Pâques-fleuries, après la grande Messe celebrée en l'Eglise de   en presence de
Nous   Curé   Juge
Procureur Fiscal, &   Greffier dudit lieu, se sont assemblez les Paroissiens de ladite Eglise, tant des plus anciens & notables
qu'autres, au nombre de   qui
sont

(note marginale : Il faut mettre l'an-née, le jour & le mois, & le nom de la Pa-roisse.)

(note marginale : Mettre les noms & surnoms du Curé & des trois Officiers.)

(note marginale : Il faut 9. ou au moins 7. Paroissiens, & mettre leurs noms, surnoms & qualitez.)

suivant l'avertissement qui leur en fut fait au
Prône du Dimanche de la Passion dernier, &
réïteré ce jourd'hui, pour vaquer à ce qui est requis de leur part pour l'execution de la Fondation faite par défunts Monseigneur le Duc &
Madame la Duchesse de Nivernois & de Rethelois, pour le mariage de soixante pauvres filles
par chacun an.

2. Et s'étant lesdits Paroissiens enquis, ils ont
trouvé qu'il faut élire une fille pour tirer au sort
le Mardi d'après Pâques prochain, n'aïant point
été fait d'élection l'année derniere, parce qu'il
ne s'y est trouvé aucune fille de la qualité requise,

Ou bien, à cause que les Habitans n'y ont fait
aucune élection, faute de charité chrétienne.

Ou bien, au lieu de   qui fut élûë
l'année derniere, & qui obtint le sort du bon
Billet ladite année.

(note marginale : Mettre seulement le surnom de la fille élûë l'année préce-dente.)

Ou bien, qui est depuis décedée,

Ou bien, qui s'est mariée sans attendre que le
sort du bon Billet lui soit échû,

Ou bien, qui s'est renduë indigne de tirer au

fort pour avoir été infidelle à l'honneur de son sexe,

Ou bien , qui a declaré ne vouloir joüir du droit de sa premiere élection.

3. C'est pourquoi lesdits Paroissiens assemblez ont d'un commun consentement choisi pour élire ladite pauvre fille , les trois hommes & trois femmes ci-aprés nommez , sçavoir ,

Mettre les noms, surnoms & qualitez des électeurs & des électrices , & de leurs maris.

lesquels ils ont promis d'avertir de se trouver pour cet effet dans ce lieu après les Vêpres de cejourd'hui.

4. En temoin dequoi Nous Curé, Juge, Procureur Fiscal & Greffier susdits , avons signé le present procez verbal les jour & an que dessus, avec lesdits Paroissiens ci-devant nommez.

Si quelques-uns des Paroissiens ne sçavent pas signer on ajoûtera

Mettre seulement les surnoms de ceux qui ne sçavent pas signer.

Excepté lesd   qui ont declaré ne sçavoir écrire ni signer , de ce interpellez.

Et si tous ne sçavent pas signer, après les mots , les jour & an que dessus , il faut mettre ceux-ci ,

Et ont tous lesdits Paroissiens declaré ne sçavoir écrire ni signer , de ce interpellez.

Suite du procez verbal ci-dessus.

Mettre le jour, l'année & le mois , & le nom de la Paroisse.

Mettre seulement les surnoms des électeurs , & les noms & surnoms des électrices.

1. ET LEDIT JOUR   du mois de mil sept cent   après les Vêpres chantez en ladite Eglise de   lesd Electeurs & lesd Electrices se sont presentez audit lieu pardevant Nous Curé , Juge , Procureur Fiscal & Greffier

suſdits en preſence de pluſieurs Paroiſſiens aſſemblez.

2. Et après avoir exhorté leſdits Electeurs &
Electrices de proceder ſincerement en leur honneur & conſcience à l'élection d'une pauvre fille
de la qualité requiſe, ils l'ont promis & en ont prêté le ſerment accoûtumé ſuivant la Fondation.

3. Enſuite le Greffier a lû à haute voix les articles 18. 20. 23. 25. 28. 29. 33. & 34. de la
Fondation.

4. Cela fait leſdits Electeurs & Electrices ſe
ſont retirez à part en ladite Egliſe, où aïant
conferé entr'eux ſix ſeulement, ils nous ont
rapporté en preſence de toute l'aſſemblée qu'ils
ont élû   fille de

       & de   ſa femme
& aſſûré qu'ils en ont bonne connoiſſance &
qu'elle n'eſt fille, ſœur ni niéce d'aucuns d'eux
& n'a été à leur ſervice ni à celui des Officiers
principaux, ni du Curé ou Vicaire de cette
Paroiſſe depuis un an; qu'elle eſt fille de bien,
catholique, la plus neceſſiteuſe de toutes celles
qu'ils connoiſſent, née en cette Seigneurie &
âgée de plus de ſeize ans.

Mettre les noms & ſurnoms de la fille & de ſes pere & mere, & la qualité du pere.

5. Après quoi nous avons averti ladite fille de
ſe trouver le Mardy d'après Pâques prochain
en l'Egliſe de   avant la grande
Meſſe pour tirer au ſort, & en cas d'empêchement d'y envoïer quelqu'un de ſa part, pour
tirer le ſort pour elle, & pour cet effet lui a
été delivré une expedition du preſent procez
verbal, afin de la repreſenter lorſqu'elle viendra pour tirer au ſort ou celui qu'elle envoïera
pour elle.

Mettre le nom du Chef-lieu.

6. En temoin dequoi Nous Curé, Juge, Procureur Fiſcal & Greffier ſuſdits, avons ſigné le
preſent procez verbal les jour & an que deſſus,
avec leſdits Electeurs & Electrices ci-deſſus nommez.

A iij

Si quelques-uns des Electeurs & Electrices ne sçavent pas signer, il faudra ajoûter,

Mettre seulement les surnoms de ceux qui ne sçavent pas signer.

Excepté lesd   qui ont declaré ne sçavoir écrire ni signer, de ce interpellez.

Et si tous ne sçavent pas signer, après les mots, les jour & an que dessus, il faudra mettre ceux-ci,

Et ont tous lesdits Electeurs & Electrices declaré ne sçavoir écrire ni signer, de ce interpellez.

Si quelques-uns des Electeurs & Electrices ne se trouvoient pas dans l'Eglise à l'issuë des Vêpres, il ne faudra mettre dans le premier article que ceux qui seront presens & après ce premier article il faudra ajoûter celui qui suit.

Mettre les surnoms des électeurs, & les noms & surnoms des électrices absens.
Mettre le nombre & les noms, surnoms & qualitez des Paroissiens presens.

Et dautant que lesd ne se sont point presentez, les Paroissiens presens au nombre de   qui sont

Mettre les noms, surnoms & qualitez des électeurs & électrices, & de leurs maris, choisis en la place des absens.

ont choisi en la place des absens

                    qui se sont trouvez en ladite Eglise
Et après avoir exhorté, &c.

Si les Electeurs & Electrices n'étoient d'acord & élisoient plus d'une fille, au lieu de l'art. 4. il faudra mettre celui-ci.

Cela fait lesdits Electeurs & Electrices se sont retirez à part en ladite Eglise, où aïant conferé entr'eux six seulement, ils nous ont rapporté en presence de toute l'assemblée que s'érans trouvez partagez dans leurs opinions ils ont élû   filles , sçavoir ,

Mettre le nombre des filles élûës & leurs noms & surnoms & ceux de leurs peres & meres avec les qualitez des peres.

surquoi les Paroissiens presens au nombre de   qui sont

Mettre le nombre & les noms , surnoms & qualitez des Paroissiens presens.

après avoir deliberé entr'eux ont choisi & élû lad   comme la plus digne de joüir du benefice de la Fondation & assûré qu'ils en ont bonne connoissance & qu'elle n'est fille , sœur ni niéce d'aucuns d'eux & n'a été à leur service ni à celui des Officiers principaux , ni du Curé ou Vicaire de cette Paroisse depuis un an , qu'elle est fille de bien , catholique, la plus necessiteuse de toutes celles qu'ils connoissent , née en cette Seigneurie & âgée de plus de seize ans.

Mette seulement le nom & surnom de la fille élûë.

Après quoi nous avons averti ladite fille , &c.

Et au lieu du dernier article , il faudra mettre celui qui suit.

En témoin dequoi Nous Curé , Juge , Procureur Fiscal & Greffier susdits, avons signé le present procez verbal les jour & an que dessus avec lesdits Paroissiens , Electeurs & Electrices ci-devant nommez.

Si quelques-uns ne sçavent pas signer , il faudra ajoûter ,

Excepté lesdits   qui ont declaré ne sçavoir écrire ni signer, de ce interpellez.

Mettre seulement les surnoms de ceux qui ne sçavent pas signer.

Et si tous ne sçavent pas signer , après les mots, les jour & an que dessus, il faudra mettre ceux-ci ,

Et ont tous lesdits Paroissiens , électeurs & électrices declaré ne sçavoir écrire ni signer, de ce interpellez.

DIMANCHE DE PASQUES

DIMANCHE DE PASQUES

FLEURIES

Pour les Châtellenies où il n'y a aucunes Paroisses ressortissantes.

Procez verbal de continuation d'une fille & élection d'une autre.

Mettre le jour, l'année & le mois, & le nom de la Paroisse.

1. L'AN mil sept cent   le jour du mois de Dimanche de Pâques Fleuries , après la grande Messe celebrée en l'Eglise de

Mettre les noms & surnoms du Curé & des trois Officiers.

pardevant Nous   Curé   Juge   Procureur Fiscal &   Greffier dudit lieu , se sont assemblez les Paroissiens de ladite Eglise , tant des plus anciens & notables qu'autres, au

Il faut 9. ou au moins 7. Habitans & mettre leurs noms, surnoms & qualitez.

nombre de qui sont

suivant l'avertissement qui leur en fut fait au Prône du Dimanche de la Passion dernier & réiteré cejourd'hui , pour vacquer à ce qui est requis de leur part pour l'execution de la Fondation faite par défunts Monseigneur le Duc & Madame la Duchesse de Nivernois & de Rethelois , pour le mariage de soixante pauvres filles par chacun an.

Mettre les noms & surnoms de la fille & de ses pere & mere, la qualité du pere , & le nombre de fois qu'elle a été élûë l'année precedente.

2. Et s'étant lesdits Paroissiens enquis & aïant trouvé que   fille de   & de sa femme qui fut élûë l'année derniere pour la fois & qui n'a pas obtenu le sort du bon Billet est encore de la qualité requise , aïant

a͏ïant toûjours vêcu catholiquement & en fille de bien & non mariée, elle a été mandée & après qu'elle a declaré qu'elle defiroit joüir du droit qui luy eſt acquis par ſa premiere élection, ils l'ont élûë & confirmée pour la   fois.

Mettre pour combien de fois la fille ſera confirmée dans ſon élection.

3. Et l'ont avertie de ſe trouver le Mardy d'après Pâques prochain en cette Egliſe avant la grande Meſſe, pour tirer au ſort, & en cas d'empêchement d'y envoyer quelqu'un de ſa part pour tirer au ſort pour elle, & pour cet effet lui a été delivré une expedition du preſent procez verbal, pour la repreſenter lorſqu'elle viendra pour tirer au ſort ou celui qu'elle envoïera pour elle.

4. Et d'autant qu'il en faut élire une autre au lieu de   qui a obtenu le bon Billet l'année derniere, leſdits Paroiſſiens aſſemblez, ont d'un commun conſentement, choiſi pour élire ladite pauvre fille, les trois hommes & trois femmes ci-après nommez; ſçavoir,

Mettre ſeulement le nom & ſurnom de la fille élûë l'année derniere.

Mettre les noms ſurnoms & qualitez des électeurs & des électrices, & de leurs maris.

      leſquels ils ont promis d'avertir de ſe trouver en ce lieu après les Vêpres de ce-jourd'hui.

5. En témoin dequoi, nous Curé, Juge, Procureur Fiſcal & Greffier ſuſdits avons ſigné le preſent procez verbal les jour & an que deſſus avec ladite fille & leſdits Paroiſſiens ci-deſſus nommez.

Si la fille & quelques-uns des Paroiſſiens ne ſçavent pas ſigner, il faudra ajoûter,

Excepté ladite fille & leſd qui ont declaré ne ſçavoir écrire ni ſigner, de ce interpellez.

Mettre ſeulement les noms propres de ceux qui ne ſçavent pas ſigner.

Si tous ne ſçavent pas ſigner il faudra après les mots, les jour & an que deſſus, ajoûter ceux-ci.

B

Et ont lefdits Paroiffiens & ladite fille declaré
ne fçavoir écrire ni figner , de ce interpellez.

Suite du procez verbal ci-deſſus.

Mettre le jour, le mois & l'année, & le nom de la Paroiſſe.

1. Et ledit jour   du mois
de   mil fept cent
Dimanche de Pâques Fleuries après les Vêpres
chantez en ladite Eglife de
fe font prefentez audit lieu lefdits

Mettre feulement les furnoms des électeurs , & les noms & furnoms des électrices.

Electeurs & lefdites   Electrices
pardevant nous Curé , Juge , Procureur Fifcal
& Greffier fufdits, en prefence de plufieurs Paroiffiens affemblez.

2. Et après avoir exhorté lefdits Electeurs
& Electrices de proceder fincerement en leur
honneur & confcience à l'élection d'une pauvre
fille de la qualité requife , ils l'ont promis &
en ont prêté le ferment accoûtumé fuivant la
Fondation.

3. Enfuite le Greffier a lû à haute voix les
articles 18. 20. 25. 28. 29. 33. & 34. de la Fondation.

4. Cela fait lefdits Electeurs & Electrices fe
font retirez à part en ladite Eglife , ou aïant
conferé entr'eux fix feulement , ils nous ont
rapporté en prefence de toute l'affemblée qu'ils
ont élû   fille de

Mettre les noms & furnoms de la fille & de fes pere & mere & la qualité du pere.

& de   fa femme & affûré qu'ils en ont
bonne connoiffance & qu'elle n'eft fille , fœur,
ni niéce d'aucuns d'eux & n'a été à leur fervice
ni à celui des Officiers principaux , ni du Curé
ou Vicaire de cette Paroiffe, depuis un an ; qu'elle eft fille de bien, catholique, la plus neceffi-
teufe de toutes celles qu'ils connoiffent , née en
cette Seigneurie & âgée de plus de feize ans.

5. Après quoi Nous avons averti ladite fille de
fe trouver le Mardy d'après Pâques prochain en
cette Eglife avant la grande Meffe, pour tirer au

fort & en cas d'empêchement d'y envoyer quelqu'un de sa part pour tirer le sort pour elle, &
pour cet effet lui a été delivré une grosse du
present procez verbal afin de la representer
lorsqu'elle viendra pour tirer au sort ou celui
qu'elle envoïera pour elle.

6. En témoin de quoi, nous Curé, Juge, Procureur Fiscal & Greffier susdits, avons signé le present procez verbal les jour & an que dessus, avec
lesdits Electeurs & Electrices ci-devant nommez.

*Si quelques-uns des Electeurs ou Elec-
trices ne sçavent pas signer, il faudra
ajoûter,*

Excepté lesdits   qui ont declaré ne sçavoir écrire ni signer, de ce interpellez.

Mettre seulement les
surnoms de ceux qui
ne sçavent pas signer.

*Si tous ne sçavent pas signer, après ces
mots, les jour & an que dessus, il faudra mettre ceux-ci.*

Et ont lesdits Electeurs & Electrices declaré
ne sçavoir écrire ni signer, de ce interpellez.

*Si quelques - uns des Electeurs &
Electrices ne se trouvoient pas dans
l'Eglise à l'issuë des Vèpres, il ne
faudra mettre dans le premier article que
ceux qui seront presens, & après ce premier
article il faudra ajoûter celui qui suit.*

Et attendu que lesd
ne se sont point presentez , lesdits Paroissiens
presens au nombre de
qui sont

Mettre les surnoms
des électeurs, & les
noms & surnoms des
électrices absens.

Mettre le nombre
& les noms, surnoms
& qualitez des Pa-
roissiens presens.

ont choisi en leur lieu & place
                    qui se sont trouvez en ladite
Eglise.

Mettre les noms,
surnoms & qualitez
des électeurs & éle-
ctrices & de leurs ma-
ris choisis en la place
des absens.

Et après avoir exhorté , &c.

*Si les Electeurs & Electrices n'étoient
d'accord & élisoient plus d'une fille au lieu
de l'art. 4. il faudra mettre celui qui suit.*

Cela fait lesdits Electeurs & Electrices se sont
retirez à part en ladite Eglise & aïant conferé
entr'eux six seulement, ils nous ont rapporté en
presence de toute l'assemblée, que s'étant trouvez partagez dans leurs opinions , ils ont élû
filles ; sçavoir ,

Mettre le nombre des filles élûës , leurs noms , surnoms , & ceux de leurs peres & meres & les qualitez des peres.

surquoi les Paroissiens presens au nombre de
qui sont

Mettre les noms surnoms & qualitez des Paroissiens pre-sens.

après avoir deliberé entr'eux ont choisi & élû
ladite   comme la
plus digne de joüir du benefice de la Fondation & assûré qu'ils en ont bonne connoissance ,
& qu'elle n'est fille , sœur , ni niéce d'aucuns
d'eux , & n'a été à leur service ni à celui des
Officiers principaux , ni du Curé ou du Vicaire de
cette Paroisse , depuis un an ; qu'elle est fille de
bien , catholique , la plus necessiteuse de toutes
celles qu'ils connoissent , née en cette Seigneurie & âgée de plus de seize ans.

Mettre seulement le nom & surnom de la fille élûë.

Après quoi nous avons averti ladite fille , &c.

*Et au lieu du dernier art. il faudra met-
tre celui qui suit.*

En témoin dequoi , nous Curé , Juge , Procureur Fiscal & Greffier susdits , avons signé le
present procez verbal les jour & an que dessus ,
avec lesdits Paroissiens & lesdits Electeurs &
Electrices ci-devant nommez.

*Et si tous ou quelques-uns ne sçavent pas
signer , il en faudra faire mention comme
ci-dessus , page 7.*

Procez verbal d'élection de deux filles au lieu de celles qui ont été élûës l'année precedente dans les Châtellenies où il n'y a aucunes Paroiſſes reſſortiſſantes.

L'A N mil ſept cent   le
jour du mois de   Dimanche
de Pâques Fleuries après la grande Meſſe celebrée en l'Egliſe de
pardevant Nous   Curé ,
Juge ,   Procureur Fiſcal
&   Greffier dudit lieu , ſe
font aſſemblez les Paroiſſiens de ladite Egliſe ,
tant des plus anciens & notables qu'autres , au
nombre de   qui ſont

(Note en marge : Mettre le jour le mois & l'année , & le nom de la Paroiſſe.)

(Note en marge : Mettre les noms ſurnoms du Curé & des trois Officiers.)

ſuivant l'avertiſſement qui leur en fut fait au
Prône du Dimanche de la Paſſion dernier , &
réiteré cejourd'hui pour vacquer à ce qui eſt
requis de leur part pour l'execution de la Fondation faite par défunts Monſeigneur le Duc &
Madame la Ducheſſe de Nivernois & de Rethelois, pour le mariage de ſoixante pauvres filles
par chacun an.

(Note en marge : Il faut 9. ou au moins 7. Paroiſſiens, & mettre leurs noms, ſurnoms& qualitez.)

2. Et s'étans leſdits Paroiſſiens enquis ils ont
trouvé qu'il faut élire cette année deux filles ,
ſçavoir une au lieu de
qui obtint le ſort du bon Billet l'année derniere
& l'autre au lieu de
qui n'obtint pas le ſort du bon Billet , & qui
eſt depuis décedée ,

(Note en marge : Mettre ſeulement les noms & ſurnoms des filles.)

Ou bien , qui s'eſt mariée ſans attendre que le
ſort du bon Billet lui ſoit échû.

Ou bien , qui s'eſt renduë indigne de tirer au
ſort pour avoir été infidele à l'honneur de ſon
ſexe.

Ou bien , qui a declaré ne vouloir joüir du

droit de ſa premiere élection ni tirer au ſort.

C'eſt pourquoi leſdits Paroiſſiens aſſemblez ont d'un commun conſentement choiſi pour élire leſdites deux pauvres filles , les trois hommes & trois femmes ci-après nommez , ſçavoir ,

Mettre les noms ſurnoms & qualitez des électeurs & des électrices, & de leurs maris.

leſquels ils ont promis d'avertir de ſe trouver pour cet effet en ce lieu après les Vêpres de ce jourd'hui.

4. En témoin dequoi , nous Curé , Juge , Procureur Fiſcal & Greffier ſuſdits , avons ſigné le preſent procez verbal les jour & an que deſſus , avec leſdits Paroiſſiens ci-devant nommez.

Si quelques-uns ne ſçavent pas ſigner , il faudra ajoûter ,

Excepté leſd

Mettre ſeulement les ſurnoms de ceux qui ne ſçavent pas ſigner.

qui ont declaré ne ſçavoir écrire ni ſigner , de ce interpellez.

Si tous ne ſçavent pas ſigner , après les mots , les jour & an que deſſus , il faut mettre ,

Et ont tous leſdits Paroiſſiens declaré ne ſçavoir écrire ni ſigner , de ce interpellez.

Si on élit deux filles à cauſe que celles élûës l'année derniere ont eu chacune un bon Billet , au lieu de l'article deux il faudra mettre celui-ci.

Et s'étans leſdits Paroiſſiens enquis , ils ont trouvé qu'il faut élire cette année deux filles à cauſe que

Mettre ſeulement les noms & ſurnoms des filles.

élûës l'année derniere eurent chacune un bon Billet comme il eſt porté au procez verbal de ladite année.

C'eſt pourquoi leſdits Paroiſſiens , &c.

Suite du procez verbal ci-deſſus.

1. ET LEDIT JOUR   du mois de   mil ſept cent Dimanche de Pâques Fleuries après les Vêpres chantez en l'Egliſe de
leſd   Electeurs &
leſd
Electrices ſe ſont preſentez audit lieu pardevant nous Curé, Juge, Procureur Fiſcal & Greffier ſuſdits, en preſence de pluſieurs Paroiſſiens aſſemblez.

Mettre le jour, le mois & l'année, & le nom de la Paroiſſe.

Mettre ſeulement les noms des électeurs & les noms & ſurnoms des électrices.

2. Et après avoir exhorté leſdits Electeurs & Electrices de proceder ſincerement en leur honneur & conſcience à l'élection de deux pauvres filles de la qualité requiſe, ils l'ont promis & en ont prêté le ſerment accoûtumé, ſuivant la Fondation.

3. Enſuite le Greffier a lû les articles 18. 20. 23. 28. 29 .33. & 34. de la Fondation.

4. Cela fait leſdits Electeurs & Electrices ſe ſont retirez à part en ladite Egliſe, où aïant conferé entr'eux ſix ſeulement, ils nous ont rapporté en preſence de toute l'aſſemblée qu'ils ont élû   fille de   & de
ſa femme, &
fille de   & de

Mettre les noms & ſurnoms des filles élûës, & de leurs peres & meres, avec les qualitez des peres.

ſa femme, & aſſûré qu'ils en ont bonne connoiſſance, & qu'elles ne ſont filles, ſœurs ni niéces d'aucuns d'eux, & n'ont été à leur ſervice ni à celui des Officiers principaux, ni du Curé ou Vicaire de cette Paroiſſe depuis un an ; qu'elles ſont filles de bien, catholiques, les plus neceſſiteuſes de toutes celles qu'ils connoiſſent, nées en cette Seigneurie & âgées chacune de plus de ſeize ans.

5. Après quoi nous avons averti leſdites filles de ſe trouver le Mardy d'après Pâques pro-

chain en l'Eglife de ce lieu avant la grande Meffe pour tirer au fort, & en cas d'empêchement d'y envoïer quelqu'un de leur part pour tirer le fort pour elles, & pour cet effet a été delivré à chacune d'elles une expedition du prefent procez verbal, pour la reprefenter lorfqu'elles viendront pour tirer au fort ou ceux qu'elles envoïeront pour elles.

6. En temoin dequoi, nous Curé, Juge, Procureur Fifcal & Greffier fufdits, avons figné le prefent procez verbal les jour & an que deffus, avec lefdits Electeurs & Electrices ci-devant nommez.

Si quelques-uns des Electeurs & Electrices ne fçavent pas figner, il faudra ajoûter,

Excepté lefd

Mettre feulement les furnoms de ceux qui ne fçavent pas figner.

qui ont declaré ne fçavoir écrire ni figner, de ce interpellez.

Si tous ne fçavent pas figner, après les mots, les jour & an que deffus, il faudra mettre,

Et ont lefdits Electeurs & Electrices declaré ne fçavoir écrire ni figner.

Si quelques-uns des Electeurs & Electrices ne fe trouvoient pas dans l'Eglife à l'iffuë des Vêpres, il ne faudra mettre dans le premier article que ceux qui feront prefens, & après ce premier article il faudra ajoûter celui-ci.

Mettre les noms & furnoms des électeurs & électrices abfens.

Et dautant que lefd

Mettre les noms furnoms & qualitez des Paroiffiens.

ne fe font point prefentez, lefdits Paroiffiens prefens au nombre de   qui font

ont

ont choisi en leur lieu & place
      qui se sont trouvez en ladite Eglise.

Si les Electeurs & Electrices n'étoient d'accord & élisoient plus de deux filles, au lieu de l'art. 4. sera mis celui-ci.

Cela fait lesdits Electeurs & Electrices se sont retirez à part en ladite Eglise, où aïant conferé entr'eux six seulement, ils nous ont rapporté en presence de toute l'assemblée que leurs opinions aïant été partagées ils ont élû filles, sçavoir,

surquoi les Paroissiens presens au nombre de
      qui sont

ont choisi & élû lesd
comme les plus dignes de joüir du benefice de la Fondation & assûré qu'ils en ont bonne connoissance & qu'elles ne sont filles, sœurs ni niéces d'aucuns d'eux, & n'ont été à leur service ni à celui des Officiers principaux ni du Curé ou Vicaire de cette Paroisse depuis un an ; qu'elles sont filles de bien, catholiques, les plus necessiteuses de toutes celles qu'ils connoissent, nées en cette Seigneurie & âgées chacune de plus de seize ans.
Après quoi nous avons averti lesdites filles, &c.

Et au lieu du dernier art. il faudra mettre celui qui suit.

En témoin dequoi Nous Curé, Juge, Procureur Fiscal & Greffier susdits, avons signé le present procez verbal les jour & an que dessus avec lesdits Paroissiens, Electeurs & Electrices ci-dessus nommez.

Si quelques-uns ou tous ne sçavent pas signer, il faudra mettre comme ci-dessus, page 7.

C

Mettre les noms surnoms & qualitez des électeurs & électrices, & de leurs maris qui seront nommez en la place des absens.

Mettre les noms & surnoms des filles & de leurs peres & meres & les qualitez des peres.
Mettre le nombre des Paroissiens & leurs noms, surnoms & qualitez.
Mettre seulement les noms & surnoms des filles élûes.

Procez verbal pour les Paroisses où il ne se trouvera pas de filles de la qualité requise.

Mettre l'année, le jour & le mois, & le nom de la Paroisse.

1. L'AN mil sept cent   le
                    jour du mois de
Dimanche de Pâques Fleuries après la grande
Messe celebrée en l'Eglise de
en presence de Nous

Mettre les noms & surnoms des Curez & des trois Officiers.

Curé,   Juge
Procureur Fiscal &
Greffier dudit lieu, se sont assemblez les Paroissiens de ladite Eglise, tant des plus anciens & notables qu'autres au nombre de

Il faut 9. ou au moins 7. Habitans, & mettre leurs noms, surnoms & qualitez.

qui sont

suivant l'avertissement qui leur en fut fait au Prône du Dimanche de la Passion dernier & réiteré cejourd'hui pour vacquer à ce qui est requis de leur part pour l'execution de la Fondation faite par défunts Monseigneur le Duc & Madame la Duchesse de Nivernois & de Rethelois pour le mariage de soixante pauvres filles de leurs Terres par chacun an.

2. Et s'étant lesdits Paroissiens enquis ils ont trouvé qu'il faut élire une fille pour tirer le sort le Mardy d'après Pâques prochain, n'aïant point été fait d'élection l'année derniere parce qu'il ne s'y est trouvé aucune fille de la qualité requise,

Ou bien, à cause que les Habitans n'y ont fait aucune élection faute de charité chrétienne,

Mettre le nom & surnom de la fille.

Ou bien, au lieu de   qui fut élûë l'année derniere & qui obtint le sort du bon Billet,

Ou bien, qui s'est mariée sans attendre que le sort du bon Billet lui soit échû,

Ou bien, qui est depuis décedée,

Ou bien, qui s'est renduë indigne de tirer au

fort pour avoir été infidele à l'honneur de fon fexe,

Ou bien, qui a declaré ne vouloir joüir du droit de fa premiere élection, ni tirer au fort.

2. C'eft pourquoi lefdits Paroiffiens affemblez, ont d'un commun confentement, choifi pour éli-re ladite pauvre fille, les trois hommes & trois femmes ci-après nommez, fçavoir,

> Mettre les noms, furnoms & qualitez des électeurs & éle-ctrices & de leurs maris.

lefquels ils ont promis d'avertir de fe trouver en ce lieu après les Vêpres de ce jourd'hui.

4. En témoin dequoi nous Curé, Juge, Procu-reur Fifcal & Greffier fufdits, avons figné le pre-fent procez verbal les jour & an que deffus avec lefdits Paroiffiens ci-devant nommez.

Si quelques-uns des Paroiffiens ne fçavent pas figner, il faudra ajoûter,

Excepté lefd   qui ont declaré ne fçavoir écrire ni figner, de ce interpellez.

> Mettre feulement les furnoms de ceux qui ne fçavent pas fi-gner.

Et fi tous ne fçavent pas figner, après les mots, les jour & an que deffus, il faudra ajoûter ceux-ci.

Et ont tous lefdits Paroiffiens declaré ne fça-voir écrire ni figner, de ce interpellez.

Suite du procez verbal ci-deffus.

1. ET LEDIT JOUR   du mois de mil fept cent   Dimanche de Pâques Fleuries après les Vêpres chantez en ladite Eglife de

> Mettre le jour, le mois & l'année, & le nom de la Paroiffe.

lefd   Electeurs & lef-dites   Electrices fe font

> Mettre les furnoms des électeurs & les noms & furnoms des électrices.

prefentez pardevant nous Curé, Juge, Procu-reur Fifcal & Greffier fufdits, en prefence de plufieurs Paroiffiens affemblez.

2. Et après avoir exhorté lefdits Electeurs &

Electrices de proceder sincerement en leur honneur & conscience à l'élection d'une pauvre fille de la qualité requise , ils nous ont declaré & affirmé d'une voix unanime en presence de toute l'assemblée, qu'il n'y a dans cette Paroisse aucune fille de la qualité requise pour joüir du benefice de la Fondation.

Ou bien , qu'il y a des filles de la qualité requise, mais qu'elles ne veulent point joüir du benefice de la Fondation.

Ce qui a été certifié par nous Curé & Officiers susdits , & par

à ce presens.

En temoin dequoi Nous Curé , Juge , Procureur Fiscal & Greffier susdits , avons signé le present procez verbal les jour & an que dessus avec lesdits Certificateurs , Electeurs & Electrices ci-devant nommez.

Si quelques-uns des Electeurs & Electrices ne sçavent signer , il faudra ajoûter ,

Excepté lesd qui ont declaré ne sçavoir écrire ni signer , de ce interpellez.

Si tous les Electeurs & Electrices ne sçavent pas signer , après les mots , les jour & an que dessus avec lesdits Certificateurs , il faudra mettre ,

Et ont tous lesdits Electeurs & Electrices declaré ne sçavoir écrire ni signer , de ce interpellez.

Si quelques-uns des Electeurs & Electrices ne se trouvoient pas dans l'Eglise à l'issuë des Vèpres , il ne faudra mettre dans le premier article que ceux qui seront presens , & après ce premier article ajoûter celui-ci ,

Et dautant que lefd
ne fe font point prefentez, lefdits Paroiffiens prefens au nombre de
qui font

Mettre les noms & furnoms des électeurs & électrices abfens.

Mettre le nombre & les noms, furnoms & qualitez des Paroif-fiens.

ont choifi en leur lieu & place

Mettre les noms, furnoms & qualitez des électeurs & éle-ctrices, & de leurs maris au lieu des ab-fens.

qui fe font trouvez en ladite
Eglife.

Et après avoir exhorté , &c.

MARDI D'APRE'S PASQUES.

MARDY D'APRE'S PASQUES.

Pour les Châtellenies où il y a des Paroisses ressortissantes.

Procez verbal qui sera mis ensuite de celui fait le Dimanche de Pâques Fleuries au Chef-lieu.

Mettre le jour , le mois & l'année.

1. ET le .... jour du mois de audit an mil sept cent

Mettre le nom de la Châtellenie.

Mardy d'après Pâques après la grande Messe celebrée en l'Eglise de les filles ci-après nommées, élûës l'année presente, tant dans cette Châtellenie que dans les Paroisses ressortissantes, se sont presentées pardevant nous Curé, Juge, Procureur Fiscal & Greffier susdits , en presence de plusieurs Paroissiens assemblez au lieu accoûtumé.

2. Et nous ont representé les procez verbaux de leurs élections que nous avons trouvez bons & valables , & nous étans apparu par iceux que lesdites filles sont de la qualité requise par la Fondation , nous les avons fait mettre au même instant en leur rang selon l'ordre des Paroisses porté par ladite Fondation, ainsi qu'il suit.

Mettre les noms des Paroisses , le nombre de fois que les filles ont comparu, les noms & surnoms desdites filles & de leurs peres & meres, les qualitez des peres, & l'âge desdites filles.

3. De cette Paroisse de est comparuë pour la .... fois fille de .... & de sa femme , âgée de .... ans De la Paroisse de .... pour la .... fois fille de .... & de sa femme , âgée de .... ans

Sera ainsi continué jusqu'à la derniere Paroisse ressortissante, si ce n'est qu'il y ait du changement comme en ce cas ci.

De fois, & de de porteur de son certificat & envoïé par elle, pour la fille de sa femme, âgée ans par

Ou bien, De fois & de pour la fille de sa femme, âgée de ans, qui n'a été admise au sort par ce que son procez verbal s'est trouvé défectueux.

Si la fille est refusée pour quelqu'autre cause, il faudra en faire mention.

Ou bien, de la Paroisse de ne s'est presenté aucune fille à cause que les Habitans n'y ont fait aucune élection faute de charité chrétienne.

Ou bien, à cause que ladite Paroisse a été aliennée depuis années à sans charge.

Ou bien, à la charge de la Fondation.

Ou bien, à cause qu'il ne s'est trouvé en ladite Paroisse aucune fille de la qualité requise, suivant le procez verbal qui en a été dressé le Dimanche de Pâques Fleuries dernier qui nous a été envoïé.

Ou bien, à cause des courses & logemens des gens de guerre en ladite Paroisse & aux environs.

S'il y a quelqu'autre cause de l'absence de la fille, il la faudra mettre.

4. Cet ordre de filles ainsi fait, & ceux qui les ont assisté s'étant rangez derriere elles pour prendre garde qu'il ne fut commis aucun abus à leur préjudice, M. le Curé a lû l'article 38.

jufques & compris le 53. de la Fondation.

5. Enfuite le Greffier a fait en prefence de toute l'affemblée le nombre de

Mettre le nombe de tous les billets.

billets afin d'en donner à chaque fille autant qu'elle a été élûë & confirmée de fois dans fon élection le Dimanche de Pâques Fleuries.

Il en faut autant que les filles ont été élûës & confirmées de fois dans leurs élections le Dimanche de Pâques-fleuries.

6. Duquel nombre de billets il y en a eu

Mettre le nombre des bons Billets.

dans lefquels a été écrit, DIEU VOUS A ELUE, qui eft le nombre des aumônes à diftribuer en cette Châtellenie par chacun an & en tous les autres a été écrit, DIEU VOUS CONSOLE.

7. Puis aïant été roulez & enfermez avec une bague de fer, comptez foigneufement & mis dans un pot couvert de linge, qui a été fecoüé pour les mieux mêler, ledit pot a été prefenté à un petit enfant âgé au-deffous de dix ans pour les tirer & diftribuer, ce qu'il a fait, & les a donné l'un après l'autre aufdites filles, commençant

Mettre les furnoms des filles feulement, & le nombre des Billets qui leur feront donnez, eu égard au nombre de fois qu'elles auront été élûës & confirmées dans leurs élections le Dimanche de Pâques-fleuries.

A ladite   rangée la premiere, à laquelle il en a baillé

A ladite   rangée la feconde à laquelle il en a baillé

A ladite   rangée la troifiéme, à laquelle il en a baillé

Faut ainfi continuer jufqu'à la derniere, quand bien même les bons billets écheroient aux premieres filles.

8. Et par la lecture qui a été faite de tous lefdits billets à mefure qu'ils ont été tirez, il s'eft trouvé que ceux aufquels étoit écrit, DIEU VOUS A ELUE, font arrivez à ladite

Mettre les furnoms des filles & les noms de leurs Paroiffes.

de la Paroiffe de

& à ladite   de la Paroiffe de

9. A chacune defquelles filles a été fait & donné un certificat figné de nous, portant que les bons billets leur font échûs felon qu'il eft ordonné par la Fondation.

10.

10. Ce fait nous avons averti les parens defdites filles de leur trouver parti fortable dans le jour
de la Pentecôte prochain, s'il eft poffible, & enjoint aufdites filles de fe reprefenter pardevant
nous avec leurs futurs époux le lendemain dudit
jour de la Pentecôte à huit heures précifes du matin au-devant de cette Eglife, pour être leur contrat de mariage redigé par écrit, s'il ne l'a été,
lû & publié fuivant la Fondation, & recevoir leurs
aumônes fi faire fe doit.

11. Et au cas qu'elles n'aïent pas encore trouvé
parti pour fe marier, elles ont été averties de ne
laiffer de fe reprefenter audit jour & heure pardevant nous avec leurs tuteurs ou trois ou quatre de
leurs plus proches parens ou amis, pour être les
deniers de leurs aumônes confignez ès mains de
perfonnes folvables, qui feront choifis par elles,
du confentement de leurs tuteurs, parens ou amis.

12. Ne pourront néanmoins les aumônes être
confignées entre les mains des peres, meres, freres & oncles defdites filles, Prêtres, Curez & autres Ecclefiaftiques, Gentilshommes & Officiers
de Juftice, quand même les filles, leurs tuteurs
ou parens y confentiroient.

13. Les confignataires donneront bonne & fuf-
fifante caution, fi befoin eft, pour garder lefdits
deniers jufqu'à ce que lefdites filles foient mariées,
& cependant leur en païeront l'interêt, à raifon de l'Ordonnance, s'il eft ainfi ftipulé.

14. Et ont été auffi lefdites filles averties, fi elles ne fe peuvent trouver en ce lieu ledit jour
lendemain de la Pentecôte, d'y envoïer quelqu'un de leur part avec Procuration fpeciale
pour la confignation des deniers de leurs aumônes, ce qu'elles ont promis de faire.

15. En témoin dequoi, nous Curé, Juge, Procureur Fifcal & Greffier fufdits, avons figné le
prefent procez verbal les jour & an que deffus.

Si le nombre des billets portans, Dieu vous a éluë, eſt plus grand qu'à l'ordinaire, au lieu de l'art. 6. du ſuſdit procez verbal, on mettra celui-ci.

Mettre le nombre des bons Billets.

Duquel nombre de billets il y en a eu dans leſquels a été écrit, DIEU VOUS A ELUE; ſçavoir,

Mettre le nombre des bons Billets ordinaires.

parce qu'il y a un pareil nombre d'aumônes à diſtribuer par chacun an en cette Châtellenie, & un autre de ſurcroît, à cauſe que

Mettre le nom & ſurnom de la fille, le nom de ſa Paroiſſe, & l'année qu'elle a obtenu un bon Billet.

fille de la Paroiſſe de

qui a eu un bon billet en l'année

eſt decedée avant que d'être mariée, & n'a laiſſé aucune ſœur de la qualité requiſe par la Fondation pour lui ſucceder en ſon aumône, & en tous les autres, a été écrit, DIEU VOUS CONSOLE.

Mettre comme au troiſiéme apoſtille ci-deſſus.

Ou bien, à cauſe que   fille de la Paroiſſe de   qui a eu le ſort du bon billet en l'année   a été infidelle à l'honneur de ſon ſexe avant ſon mariage, & en tous les autres, &c.

Mettre comme au troiſiéme apoſtille ci-deſſus.

Ou bien, à cauſe que   fille de la Paroiſſe de   qui a eu un bon billet en l'année   a declaré n'en vouloir profiter.

Ou bien, à cauſe que l'année derniere il ne ſe preſenta pas aſſez de filles pour égaler le nombre des bons billets qui étoient à diſtribuer, enſorte qu'il en reſta un ſans être diſtribué, qui doit accroître au nombre ordinaire de cette année.

S'il y a d'autres cauſes de l'augmentation des billets, il les faut mettre.

S'il y a autant de bons billets à donner que de filles preſentes pour tirer au ſort, au lieu des articles 4. 5. 6. 7. 8. & 9. on mettra celui-ci.

Cet ordre de filles ainſi fait, & ne s'étant trouvé que   filles preſentes, & y aïant autant de bons billets à diſtribuer, le ſort n'a point été tiré comme il eſt ordinaire, cela étant inutile, mais a été donné à chacune d'elles un bon billet, avec un certificat ſigné de nous comme elles ont eu le bon Billet, ſuivant qu'il eſt ordonné par la Fondation.

Mettre le nombre des filles.

S'il y avoit plus de bons billets à diſtri-buer que de filles preſentes pour tirer au ſort, au lieu deſdits articles 4. 5. 6. 7. 8. & 9. on mettra celui-ci.

Cet ordre de filles ainſi fait, & ne s'étant trouvé que   filles preſentes, & y aïant   bons billets à diſtribuer, le ſort n'a point été tiré, mais a été donné à chacune d'elles un bon billet avec un Certificat ſigné de nous, comme elles ont eu le bon billet, ſuivant qu'il eſt ordonné par la Fondation : & quant aux   bons billets reſtans à donner, ſeront augmentez l'année prochaine au nombre ordinaire des aumônes dont cette Châtellenie eſt chargée.

Mettre le nombre des filles & des Billets.

Mettre le nombre des Billets reſtans.

MARDY D'APRE'S PASQUES.

Pour les Châtellenies où il n'y a aucune Paroiſſe reſſortiſſante.

Procez verbal qui ſera mis enſuite de celui fait le Dimanche de Pâques Fleuries.

1. ET le   jour du mois de   audit an mil ſept cent   Mardy d'après Pâques, après la grande Meſſe celebrée en l'Egliſe de   les deux filles ci-devant nommées élûës en cette Châtellenie l'année preſente ſe ſont

Mettre le jour, le mois & l'année.

Mettre le nom de la Châtellenie.

presentées pardevant nous Curé, Juge, Procureur Fiscal & Greffe susdits, en presence de plusieurs paroissiens assemblez & nous ont representé les procez verbaux de leur élection.

2. Ce fait elles ont été rangées ; sçavoir, ladite élûë en la presente année pour la fois, la premiere & ladite élûë pour la premiere fois, la seconde.

3. Cet ordre de filles ainsi fait & ceux qui les ont assisté s'étans rangez derriere elles pour prendre garde qu'il ne fut commis aucun abus à leur préjudice, M. le Curé a lû l'art. 38. jusques & compris le 53. de la Fondation.

4. Ensuite le Greffier a fait en presence de toute l'assemblée le nombre de billets afin d'en donner à chaque fille autant qu'elle a été élûë & confirmée de fois dans son élection le Dimanche de Pâques Fleuries, dans l'un desquels billets a été écrit, DIEU VOUS A ELUE, n'y aïant qu'une aumône à distribuer par chacun an dans cette Châtellenie & en tous les autres a été écrit, DIEU VOUS CONSOLE.

5. Puis aïant été roulez & enfermez avec une bague de fer, comptez soigneusement & mis dans un pot couvert de linge qui a été secoüé pour les mieux mêler, ledit pot a été presenté à un petit enfant âgé au-dessous de dix ans pour les tirer & distribuer ce qu'il a fait & les a donné l'un après l'autre ausdites filles, commençant à ladite

rangée la premiere à laquelle il en a baillé & à ladite rangée la seconde à laquelle il en a donné un.

6. Et par la lecture qui a été faite de tous lesdits billets à mesure qu'ils ont été tirez, il s'est trouvé que celui où étoit écrit, DIEU VOUS A

ELUE, est arrivé à ladite

à laquelle a été fait & donné un Certificat signé de nous, portant que le bon Billet lui est échû, selon qu'il est ordonné par la Fondation.

7. Ce fait nous avons averti les parens de ladite Mettre le surnom de la fille. de lui trouver parti sortable dans le jour de la Pentecôte prochain , & enjoint à ladite fille de se representer pardevant nous avec son futur Epoux le lendemain dudit jour de la Pentecôte à huit heures précises du matin audevant de cette Eglise , pour être son Contrat de mariage redigé par écrit, s'il ne l'a été, lû & publié suivant la Fondation, & recevoir son aumône si faire se doit.

8. Et au cas qu'elle n'ait trouvé parti , elle a été avertie de ne laisser de se presenter audit lieu , jour & heure pardevant nous avec son tuteur , ou trois ou quatre de ses parens ou amis , pour être les deniers de son aumône consignez entre les mains de personnes solvables, qui seront choisis par elle du consentement de son tuteur , parens ou amis.

9. Ne pourra néanmoins ladite aumône être consignée entre les mains des pere , mere , freres & oncles de ladite fille, Prêtres , Curez & autres Ecclesiastiques , Gentilshommes & Officiers de Justice , quand même ladite fille , son tuteur , parens ou amis y consentiroient.

10. Lesquels consignataires donneront bonne & suffisante caution si besoin est, pour garder lesdits deniers, jusqu'à ce que ladite fille soit mariée , & cependant lui en païeront l'interêt à raison de l'Ordonnance, s'il est ainsi stipulé.

11. Et a été aussi ladite fille avertie, au cas qu'elle ne puisse se trouver en ce lieu ledit jour lendemain de la Pentecôte, d'y envoïer quelqu'un de sa part avec procuration speciale pour la consignation de son aumône , ce qu'elle a promis.

12. En témoin dequoi , nous Curé , Juge , Procureur Fiscal & Greffier susdits , avons signé le present procez verbal les jour & an que dessus.

Si les deux filles qui se presenteront sont tou-
tes deux de premiere élection , au lieu des art.
2. 3. 4. & 5. du procez verbal ci-dessus, on met-
tra ceux-ci.

Mettre seulement
les noms & surnoms
des filles.

Ce fait elles ont été rangées ; sçavoir , ladite
la premiere, & ladite
la seconde.

Cet ordre de filles ainsi fait , & ceux qui les ont
assisté s'étant rangez derriere elles pour prendre
garde qu'il ne fut commis aucun abus à leur préju-
dice, M. le Curé a lû l'art. 38. jusques & compris le 53. de la Fondation.

Ensuite le Greffier a fait le nombre de deux billets seulement , afin d'en donner un à chaque fille,
toutes deux étans de premiere élection , & dans
l'un desquels a été écrit DIEU VOUS A ELUE ,
n'y aïant qu'une aumône à distribuer en cette
Châtellenie par chacun an,& en l'autre a été écrit,
DIEU VOUS CONSOLE.

Puis aïant été roulez & enfermez avec une bague de fer & jettez en un pot couvert de linge ,
qui a été secoüé pour les mieux mêler , ledit pot a
été presenté à un petit enfant âgé au-dessous de
dix ans pour les tirer & distribuer , ce qu'il a fait

Mettre seulement
les surnoms des filles.

l'un aprés l'autre , commençant à ladite
rangée la premiere, à laquelle il en a baillé un ,
& à ladite   un autre.

Et par la lecture , &c.

S'il ne se presente qu'une fille pour tirer au
sort , au lieu des 6. premiers art. du susdit pro-
cez verbal , sera mis celui-ci.

Mettre l'année, le
jour & le mois, & le
nom de la Châtellenie.

ET le   jour du mois de
audit an mil sept cent   Mardy
d'après Pâques , à l'issuë de la grande Messe
celebrée en l'Eglise de

Mettre les nom &
surnom de la fille.

ladite   fille , ci-devant nommée , eluë l'année presente en cette Châtellenie ,

s'eft prefentée pardevant nous Curé, Juge, Procureur Fifcal & Greffier fufdits, en prefence de plufieurs Paroiffiens affemblez au lieu accoûtumé, & nous a reprefenté le procez verbal de fon election, & comme ladite   qui a été élûë *Mettre les noms & furnoms des filles.* en la prefente année conjointement avec ladite   ne s'eft prefentée, ni perfonne pour elle, le fort n'a point été tiré, cela étant inutile, mais le bon billet portant , D I E U V O U S A E L U E , a été donné à ladite   *Mettre le nom & furnom de la fille.* avec un Certificat figné de nous, contenant que ledit bon billet lui a été donné fuivant qu'il eft porté par la Fondation.

Cela fait nous avons averti , &c.

S'il y a deux bons billets à diftribuer , après les deux premiers art. dudit procez verbal , page 27. on ajoûtera celui-ci ,

Et attendu qu'il y a deux bons billets à diftribuer cette année , l'un ordinaire , l'autre de furcroît , à caufe que   fille qui *Mettre le nom & furnom de la fille , & l'année qu'elle a obtenu le bon Billet.* l'a obtenu en l'année   eft decedée avant que d'être mariée fans laiffer de fœur de la qualité requife par la Fondation pour lui fucceder en fon aumône ,

Ou bien , à caufe que   fille *Mettre comme au troifiéme apoftille ci-deffus.* qui l'a obtenu en l'année   a été infidelle à l'honneur de fon fexe avant fon mariage.

S'il y a d'autres caufes de l'augmentation des billets , il les faut mettre.

Le fort n'a point été tiré , cela étant inutile , mais a été donné à chacune defdites deux filles un bon billet portant, D I E U V O U S A E L U E, avec un Certificat figné de nous comme elles ont eu le bon billet , fuivant qu'il eft ordonné par la Fondation.

Après on ajoûtera les art. 10. 11. 12. 13. 14.
& 15. du precedent procez verbal , page 25.

Si y aïant deux bons billets à distribuer,
il ne se presentoit qu'une fille , au lieu
des 6. premiers articles du susdit procez
verbal , page 27. sera mis ceux ci ,

<table>
<tr><td>Mettre le jour , le mois & l'année.</td><td>ET LE   jour du mois d audit an mil sept cent   Mardi d'après Pâques , après la grande Messe celebrée en l'E-</td></tr>
</table>

Mettre le nom de la Châtellenie & le nom & surnom de la fille.   glise de   ladite
fille, ci-devant nommée, élûë en cette Châtelle-
nie en la presente année , s'est presentée pardevant nous Curé , Juge , Procureur Fiscal &
Greffier susdits , en presence de plusieurs Paroissiens assemblez au lieu accoûtumé , & nous
a representé le procez verbal de son élection.

Mettre les noms & surnoms des filles.   Et dautant que ladite   fille qui
a esté élûë conjointement avec ladite
ledit jour Dimanche de Pâques fleuries dernier ,
ne s'est point presentée , ni personne pour elle ,
& qu'il y a deux bons billets à distribuer en la
presente année , l'un ordinaire , l'autre de sur-
croît, à cause que   fille qui l'a
obtenu l'année   est decedée avant
que d'être mariée , & sans laisser de sœur en état
de succeder à son aumône.

S'il y a d'autres causes de l'augmenta-
tion des billets , il faut les mettre suivant
la précedente observation , page 31.

Le sort n'a point été tiré , cela étant inutile ,
mais a été donné à ladite
l'un des deux bons billets portant, DIEU VOUS
A ELUE, avec un Certificat signé de nous , comme le bon billet lui est échû , suivant qu'il est
ordonné par la Fondation.
Et quant à l'autre bon billet, il sera mis l'année

née prochaine avec le bon billet ordinaire, pour augmenter le nombre des aumônes.

Cela fait, nous avons averti ladite, &c.

Certificat pour les filles qui ont obtenu le bon billet.

L'An mil sept cens   le   jour du mois de   Mardi d'après Pâques, le billet portant, DIEU VOUS A ELUE, est échû à   fille de   & de sa femme, de la Paroisse de c'est pourquoi ses tuteur & parens seront soigneux de lui trouver parti pour se marier dans le Dimanche de la Pentecôte prochaine, s'il est possible, & aussi-tôt qu'elle aura trouvé parti, elle se présentera avec son futur époux & quelques parens pardevant nous, pour être leur Contrat de mariage redigé par écrit. Et si ledit mariage a esté solemnisé dans ledit jour de la Pentecôte, elle se trouvera avec son mari en l'Eglise de ce lieu pardevant nous le Lundi lendemain de ladite Fête de la Pentecôte, avant les huit heures du matin, pour recevoir l'aumône de cinquante livres ; & où ne lui auroit été trouvé parti convenable dans ladite Fête, elle amenera au même jour Lundi à l'heure & lieu susdit, son tuteur, ou trois ou quatre de ses parens ou amis, pour faire consigner ladite somme entre les mains d'une personne solvable, autres toutefois que ses pere & mere, freres & oncles, Prêtres, Curez & autres Ecclesiastiques, Gentilshommes & Officiers de Justice ; lequel consignataire donnera caution, si besoin est, soit pour lui en païer la rente, soit pour la garder seulement en dépôt ; & en cas qu'elle ne puisse se trouver audit jour, lieu & heure, elle y fera trouver quelqu'un de sa part avec le present Certificat & une Procuration speciale, pour rece-

Mettre l'année, le jour & le mois.

Mettre les noms & surnoms de la fille & de ses pere & mere, la qualité du pere, & le nom de la Paroisse.

E

voir les deniers de son aumône, ou pour la faire consigner. Fait par Nous

Curé,
Juge Procureur
Fiscal, & Greffier de la Châtellenie de qui avons signe les
jour & an susdits.

LENDEMAIN DE LA
PENTECOSTE.

Pour les Châtellenies où il y a plusieurs bons billets donnez.

Procez verbal qui sera mis ensuite de celui du Mardi d'après Pâques.

1. **E**T le   jour du mois de audit an mil sept cent lendemain de la Pentecôte se sont presentées pardevant nous Curé, Juge, Procureur Fiscal & Greffier susdits, les filles qui ont obtenu les bons billets en cette Châtellenie le Mardy d'après Pâques dernier.

    [Mettre le jour, le mois & l'année.]

2. Sçavoir,   fille de la Paroisse de   assistée de

Ou bien de   ses pere & mere,
Ou bien de   ses parens & amis,
E T   son tuteur.
     fille de
la Paroisse de
assistée de

    [Mettre les noms & surnoms des filles, les noms de leurs Paroisses, & les noms surnoms & qualitez de leurs peres & meres ou de leurs Tuteurs ou parens & amis & les degrez de parenté.]

Ou bien, representée par fondé de sa procuration speciale à cet effet passée devant Notaire à le   dont l'original est demeuré joint au present procez verbal pour être transcrit en fin des expeditions qui en seront delivrées, ledit   assisté de parens & amis de ladite fille,

    [Mettre le nom, surnom & qualité de celui qui aura pouvoir de la fille, la date de la Procuration & le nom du Notaire qui l'aura passée.]

Ou bien de   son tuteur.

    [Mettre le nom, surnom & qualité du Tuteur de la fille ou de ses parens & amis & le degré de parenté.]

E ij

Et ainſi des autres filles, s'il y en a.

3. Qui ont dit n'avoir pû ſitôt leur trouver parti convenable & ont requis qu'il ſoit ordonné aux Fermiers qui doivent païer leurs aumônes de 50. liv. à chacune, d'en mettre les deniers ; ſçavoir,

Mettre les ſurnoms des filles & les noms, ſurnoms, qualitez & demeures de ceux qui feront choiſis pour dépoſitaires des aumônes.

pour ladite   entre les mains de

& pour ladite   entre le mains de

4. Eſt auſſi comparu

Mettre le nom ſurnom & demeure du fermier, & le nom de la Terre dont il eſt fermier.

Fermier de   demeurant qui a offert à découvert les deniers des aumônes deſdites filles & ſuivant leur requiſitoire les a mis & conſignez entre les mains deſdits   à ce preſens qui reconnoiſſent chacun à leur égard les avoir reçûs de lui, dont ils ſont contens & en quittent ledit   Fermier

Mettre les ſurnoms des dépoſitaires.

5. Envers leſquelles filles leſdits

Mettre ſeulement les ſurnoms des dépoſitaires.

ſe ſont par ces preſentes obligez par corps, chacun à l'égard de celle dont il a reçû l'aumône, de la leur païer trois jours après la ſolemniſation de leur mariage, ſans interêts juſqu'à ce tems, à peine de dix ſols par chacun jour de retard pour chaque aumône pendant la premiere année, à compter du jour de l'expiration dudit terme & de vingt ſols par chacun mois pendant les années ſubſequentes, applicables au profit de l'Hôtel-Dieu de Paris, à quoi ils ſeront contraints par les mêmes voïes & nous les y avons condamnez de leur conſentement, le tout ſuivant la Fondation & les Arrêts de reglemens rendus en conſequence.

6. Neantmoins leur avons fait défenſes de ſe deſſaiſir deſdites aumônes qu'en la preſence de nous Juge, Procureur Fiſcal & Greffier ſuſdits, à peine de païer le double, & pour cet effet avons averti leſdites filles, quand elles auront trou-

vé parti pour fe marier, de fe prefenter devant nous en ce lieu avec leurs futurs Epoux , pour être leurs contrats de mariage redigez par écrit en notre prefence. Et lorfqu'elles feront mariées de revenir audit lieu un jour de Fête avec leurs maris, pour leur être lefdites aumônes païées par lefdits dépofitaires & la quittance redigée dans la forme prefcrite par la Fondation.

7. Et au cas que lefdites filles ne puiffent trouver parti pour fe marier dans trois ans à compter de ce jour, avons ordonné aufdits dépofitaires de remettre les deniers defdites aumônes auffitôt lefdites trois années expirées , entre les mains du Receveur general de l'Hôtel-Dieu de Paris , pour les garder par forme de dépôt & fans interêts jufqu'à ce que lefdites filles foient mariées , à quoi ils feront pareillement contraints par corps , ce faifant déchargez.

8. Et ont lefdits depofitaires élû leurs domiciles en leurs demeures fufdeclarées.

9. En témoin dequoi, nous Curé, Juge, Procureur Fifcal & Greffier fufdits, avons figné le prefent procez verbal les jour & an que deffus avec lefdites filles , leurs affiftans , fermiers & dépofitaires.

10. Et a été delivré à chacune defdites filles, pour leur fûreté , une expedition fignée de nous du prefent procez verbal.

Si quelques-uns ne fçavent pas figner , après l'art. 9. il faudra ajoûter ces mots.

Excepté lefdits
qui ont declaré ne fçavoir écrire ni figner, de ce interpellez.

Et fi tous ne fçavent pas figner , après les mots , les jour & an que deffus , il faudra mettre ceux-ci.

Et ont lesdites filles, leurs assistans, fermiers &
dépositaires declaré ne sçavoir écrire ni signer, de
ce interpellez.

S'il y a plusieurs Fermiers, au lieu de l'art. 4.
on mettra celui-ci.

Mettre les noms, surnoms & demeures des fermiers, & les noms des Terres dont ils sont fermiers.

Sont aussi comparus
Fermier de   demeurant
     &   Fermier de
demeurant
lesquels ont offert à découvert les deniers des
aumônes desdites filles & suivant leur requisitoi-

Mettre les surnoms des dépositaires.

re les ont mis & consignez entre les mains desd
         à ce presens qui reconnoissent chacun
à leur égard les avoir reçûs desdits Fermiers, dont
ils sont contens & les en quittent.
Envers lesquelles filles, &c.

S'il y a des cautions, après l'art. 5. il
faudra ajoûter celui-ci.

Mettre les noms, surnoms, qualitez & demeures des cautions.

A ce faire sont intervenus

Mettre seulement les noms & surnoms des cautions & dépositaires.

Lesquels se sont volontairement rendus cautions desdits dépositaires; sçavoir, ledit
          pour led
& led   pour led
      & se sont obligez cha-
cun à son égard & solidairement avec celui dont
il est caution au païement desdites aumônes dans
le tems & sous la peine ci-dessus, à quoi ils consentent être contraints par corps, dont ils font leurs
propres dettes comme principaux dépositaires.
Neantmoins avons fait défenses ausdits dépositaires & cautions de se dessaisir, &c.

Et au lieu de l'art. 8. mettre celui-ci.

Et ont lesdits dépositaires & cautions élûs leurs
domiciles en leurs demeures ci-devant declarées

S'il y a eu quelque fille qui ait manqué de
se préſenter ou autre pour elle , on ajoûtera au
procez verbal après l'art. 7.

A l'égard de   fille de la
Paroiſſe de   elle ne s'eſt point
préſentée ni autre pour elle , & led
Fermier nous a demandé acte de la repreſentation
des deniers de ſon aumône , ce que nous lui avons
accordé , & avons ordonné que ladite fille ſe re-
préſentera pardevant nous en ce lieu le
jour de   prochain   heures du
matin , pour être ordonné de ſon aumône ſuivant
la Fondation , dont elle ſera avertie par le Procureur Fiſcal , auquel jour, lieu & heure, nous avons
enjoint audit Fermier de ſe trouver avec les deniers de ladite aumône , à peine de dix ſols par
chacun jour de retard pendant la premiere année
à compter dudit jour
         & de vingt ſols par chaque mois
pendant les années ſuivantes juſqu'à ce que ladite aumône ſe trouve valablement païée ou con-
ſignée , ladite peine applicable au profit des pauvres de l'Hôtel-Dieu de Paris, à quoi il ſera contraint par corps , conformément à la Fondation
& les Arrêts de reglemens rendus en conſequence.
    En témoin dequoi , &c.

Si toutes les filles ont manqué de ſe préſenter
& que le Fermier ait comparu , le procez ver-
bal ſera dreßé comme il ſuit.

ET le   jour de
audit an mil ſept cent   lendemain
de la Pentecôte pardevant nous Curé , Juge, Procureur Fiſcal & Greffier ſuſdits , les filles qui ont
obtenu les bons billets en cette Châtellenie le
Mardy d'après Pâques dernier ne ſe ſont point
dreſentées ni perſonnes pour elles , quoiqu'elles en
aïent été ſuffiſamment averties.

<table>
<tr><td valign="top" width="30%">

Mettre le nom & surnom du fermier, sa demeure, & le nom de la Terre dont il est fermier.

</td><td valign="top">

Mais est comparu   Fermier de   qui nous a demandé acte de la représentation qu'il a faite des deniers de leurs aumônes, ce que nous lui avons accordé, & avons ordonné que lesdites filles se presenteront

</td></tr>
<tr><td valign="top">

Mettre le jour, le mois & l'heure.

</td><td valign="top">

devant nous en ce lieu le   jour de   prochain   heures du matin, ou autres personnes, pour être ordonné de leurs aumônes, suivant la Fondation, dont elles seront averties par ledit Procureur Fiscal, auquel jour, lieu & heure nous avons enjoint audit fermier de se trouver avec les deniers desdites aumônes, à peine de dix sols par chacun jour de retard pour chaque aumône pendant la premiere année, à compter dudit jour   & de vingt sols par chaque mois pendant les années suivantes, jusqu'à ce que lesdites aumônes se trouvent valablement païées ou consignées, ladite peine applicable au profit des pauvres de l'Hôtel-Dieu de Paris, le tout conformément à la Fondation, & aux Arrêts de reglemens rendus en consequence.

En témoin dequoi, &c.

</td></tr>
</table>

Si le fermier ne comparoît point le lendemain de la Pentecôte, & que lesdites filles ou aucunes d'elles aïent comparu, au lieu des art. 4. 5. 6. 7. & 8. du procez verbal ci-dessus, page 36. on mettra celui-ci.

<table>
<tr><td valign="top" width="30%">

Mettre le nom, surnom, qualité & demeure du fermier, & le nom de la Terre dont il est fermier.

</td><td valign="top">

Quant à   Fermier de qui est chargé du païement desdites aumônes il n'est point comparu, ni personne pour lui, c'est pourquoi nous Juge susdit, avons ordonné que ledit Procureur Fiscal aura commission pour faire assigner ledit Fermier, pour voir declarer contre lui encouruë la peine de dix sols par jour pendant la premiere année, à compter de ce jourd'hui, & de vingt sols par chacun mois pendant les années suivantes, le tout pour chaque aumône, ladite

</td></tr>
</table>

ladite peine applicable au profit des pauvres de
l'Hôtel-Dieu de Paris, jusqu'au jour que lesdites
aumônes seront païées, au païement de laquelle
peine il sera contraint par corps & par les voïes
qu'il y est obligé par son bail, & quant ausdites
aumônes il sera aussi contraint par les mêmes
voïes de les remettre entre les mains du Receveur
de l'Hôtel-Dieu de Paris, pour être renduës ausdites filles lorsqu'elles auront trouvé parti pour
se marier, le tout nonobstant toutes saisies, op-
positions & appellations quelconques, pour lesquelles ne sera differé, suivant la Fondation & les
Arrêts de reglemens rendus en consequence.

En témoin dequoi, &c.

Si le Fermier ni les filles ne comparoissent
point, on dressera le procez verbal ainsi

ET le   jour du mois de
audit an   lendemain de la Pentecôte,
pardevant nous, Curé, Juge, Procureur Fiscal &
Greffier sudits, les filles qui ont obtenu les bons
billets le Mardi d'après Pâques dernier ne sont
point comparuës non plus que
Fermier de   qui est obligé par
son bail au païement de leurs aumônes.

C'est pourquoi à l'égard des filles, nous avons
ordonné qu'elles se representeront, ou autres personnes pour elles, pardevant nous le
jour de   prochain
heures du matin en ce lieu, pour être ordonné
de leurs aumônes suivant la Fondation, dont
elles seront averties par ledit Procureur Fiscal
qui avertira aussi ledit Fermier de se trouver audit lieu, jour & heure avec les deniers desdites
aumônes.

Et aura ledit Procureur Fiscal commission pour
faire assigner ledit Fermier & voir declarer contre
lui encouruë la peine de dix sols par chacun jour
pendant la premiere année, à compter de ce jour-

F

d'hui , & de vingt fols par chacun mois pendant les années fuivantes , applicables au profit des pauvres de l'Hôtel-Dieu de Paris, jufqu'au jour qu'il païera actuellement lefdites aumônes , au païement de laquelle peine il fera contraint par corps & par les voïes qu'il y eft obligé par fon bail , & à l'égard du païement defdites aumônes, il y fera contraint par les mêmes voïes , le tout nonobftant toutes faifies , oppofitions & appellations quelconques, pour lefquelles ne fera differé. En temoin dequoi , &c.

Si l'une des filles confent que fon aumône demeure entre les mains du Fermier , après l'art. 4. du procez verbal ci-devant , page 36. fera inferé l'art. qui fuit.

<table>
<tr><td>Mettre le furnom de la fille.</td><td>Et à l'égard de ladite   elle a confenti , par l'avis de fefdits parens & amis, que fon aumône foit laiffée ès mains dudit Fermier par forme de dépôt & fans interêts.</td></tr>
</table>

Envers lefquelles filles , &c.

Si les Fermiers ou dépofitaires font obligez de païer les interêts des aumônes aux filles, l'art. 5. du procez verbal ci-devant, page 36. fera mis comme il fuit.

Envers lefquelles filles lefdits dépofitaires fe font par ces prefentes obligez par corps, chacun à l'égard de celle dont il a les deniers de l'aumône, de la leur païer dans   après leurs époufailles, avec les interêts de quartier en quartier à raifon de l'Ordonnance, à compter de ce jour , & faute de païement defdites aumônes dans le tems ci-deffus , ils confentent, chacun à leur égard , de païer la peine de dix fols par chacun jour de retard pendant la premiere année pour chaque aumône & de vingt fols par mois pendant les années fuivantes , applicables au profit des pauvres de l'Hôtel-Dieu de Paris , à quoi ils

Le terme de païer ne doit être au plus que de fix mois.

feront contraints par les mêmes voïes, & nous les y
avons condamnez, en païant laquelle peine les
interêts cefferont, le tout conformément à la
Fondation & les Arrêts de reglemens rendus en
confequence.

Neanmoins leur avons fait défenfes, &c.

Si quelque-une des filles a été mariée,
après l'art. 7. dudit procez verbal, page 37.
fera ajoûté celui qui fuit.

A l'égard de   fille de la Paroiffe de   qui a auffi obtenu
un bon billet en cette Châtellenie le Mardi d'a-
près Pâques dernier, elle a été mariée à
         & le contrat de mariage qui en a
été paffé, a été lû à la porte de l'Eglife de ce Chef-
lieu, & l'aumône païée & mife en leurs mains au
defir de la Fondation, ainfi qu'il paroît par ledit
contrat & la quittance étant enfuite.

Mettre le nom & fur-
nom de la fille & le
nom de fa Paroiffe.

Le nom du mari de
la fille & fa qualité.

Et ont lefdits dépofitaires, &c.

LE LENDEMAIN DE LA

PENTECOSTE.

Pour les Châtellenies où il n'y a eu qu'un
bon Billet donné.

Procez verbal qui fera mis enfuite de celui
du Mardi d'après Pâques.

1. ET le   jour du mois
de   audit an mil fept cent
lendemain de la Pentecôte parde-
vant nous, Curé, Juge, Procureur Fifcal & Greffier fufdits, eft comparuë ladite
qui a eu le bon billet le Mardi d'après Pâques
dernier en ce Chef-lieu, affiftée de

Mettre le jour, le
mois & l'année.

Le nom & furnom
de la fille.

fes pere &

mere ,

fes

Ou bien, de

parens & amis ,

Ou bien, de   fon tuteur.

Ou bien, reprefentée par

fondé de fa procuration fpeciale à cet effet, paffée

devant   Notaire à

le   dont l'original eſt demeuré joint

au prefent procez verbal pour être tranfcrit en

fin des expeditions qui en feront delivrées, led

affifté de

parens & amis de ladite fille ,

Ou bien, de   fon tuteur.

2. Qui ont dit n'avoir pû fi-tôt lui trouver parti

convenable, & ont requis que fon aumône foit

confignée ès mains de

3. Eſt auffi comparu

Fermier de   demeurant

qui a offert à decouvert la

fomme de cinquante livres pour ladite aumône ,

& fuivant le requifitoire de ladite fille , a confi-

gné & mis ladite fomme entre les mains dudit

à ce prefent qui reconnoît

l'avoir reçûë de lui, dont il eſt content & en quitte

ledit Fermier.

4. Envers laquelle fille ledit

dépofitaire s'eſt par ces prefentes obligé par corps

de lui païer ladite aumône trois jours après la

folemnifation de fon mariage, fans interêts

Ou bien , dans

avec les interêts de quartier

en quartier, à raifon de l'Ordonnance, à peine de

dix fols par chaque jour de retard pendant la

premiere année, & de vingt fols par chacun mois

pendant les années fuivantes, applicables au profit

des pauvres de l'Hôtel-Dieu de Paris, à quoi il

fera contraint par les mêmes voïes, & nous l'y

avons condamné de fon confentement, le tout

Marginal notes:

Mettre les noms, furnoms & qualitez des pere & mere, ou du Tuteur de la fille, ou de fes parens & amis, & les degrez de parenté.

Mettre le nom, furnom & qualité de celui qui reprefentera la fille, la date de la Procuration & le nom du Notaire.

Mettre les noms, furnoms, qualitez & degrez de parenté de ceux qui affifteront le Procureur de la fille.

Mettre les noms, furnoms, qualitez & demeures des dépofitaire & fermier, & le nom de la Terre.

Mettre feulement le furnom du dépofitaire.

Mettre le furnom du dépofitaire.

Le terme de païer ne doit être au plus que de fix mois.

suivant la Fondation & les Arrêts de reglement rendus en conséquence.

5. Neanmoins lui avons fait défenses de se desfaisir de ladite aumône qu'en la présence de nous Juge, Procureur Fiscal & Greffier, à peine de païer le double, & pour cet effet avons averti ladite fille, que quand elle aura trouvé parti pour se marier, elle se présente en ce lieu devant nous avec son futur époux, pour être leur Contrat de mariage redigé par écrit en nôtre présence, & que lorsqu'elle sera mariée elle vienne aussi audit lieu un jour de fête avec son mari, pour lui être son aumône païée par ledit dépositaire, & la quittance redigée dans la forme prescrite par la Fondation.

6. Et au cas que ladite fille ne puisse trouver parti pour se marier dans trois ans, à compter de ce jour, avons ordonné audit dépositaire de remettre les deniers de ladite aumône incontinent après lesdites trois années expirées, entre les mains du Receveur general de l'Hôtel-Dieu de Paris, pour les garder par forme de dépôt, sans interêts, jusqu'à ce que ladite fille soit mariée, à quoi il sera pareillement contraint par corps ; ce faisant déchargé.

7. Et a led dépositaire élû son domicile en sa demeure cidevant declarée.

Mettre le surnom du dépositaire.

8. En témoin de quoi nous Curé, Juge, Procureur Fiscal & Greffier susdits, avons signé le présent procez verbal les jour & an que dessus avec lesdites filles, leurs assistans, Fermier & dépositaire.

9. Et a été delivré à ladite fille pour sa sureté une expedition signée de nous du présent procez verbal.

Si quelques-uns ne sçavent pas signer, il faudra ajoûter à l'art. 8. les mots qui suivent.

Mettre les furnoms de ceux qui ne fçavent pas figner.

Excepté lefd   qui ont declaré ne fçavoir écrire ni figner , de ce inter-pellez.

Et fi tous ne fçavent pas figner , après les mots , les jour & an que deffus, il faudra mettre ceux-ci.

Et ont ladite fille , ceux qui l'ont affifté & lef-dits fermiers & dépofitaire , declaré ne fçavoir écrire ni figner , de ce interpellez.

Si le Fermier eft nommé pour dépofitaire fera écrit l'art. qui fuit au lieu des art. 2. & 3. ci-deffus , page 44.

Mettre le nom , fur-nom & demeure du fermier,& le nom de la Terre dont il eft fermier.

Qui ont dit n'avoir pû lui trouver fi-tôt parti , & ont requis que fon aumône de cinquante livres foit mife entre les mains de Fermier de   demeurant à   qui eft chargé de la lui païer par fon bail , ce que ledit Fermier pour ce prefent a accepté , après avoir reprefenté les de-niers de ladite aumône qu'il a à l'inftant retirez.

Envers laquelle fille , &c.

S'il y a une caution, après l'art. 4. page 44. il faudra ajoûter celui-ci ,

Mettre le nom , fur-nom , qualité & de-meure de la caution , & le furnom du dépo-fitaire.

A ce faire eft intervenu lequel s'eft volontairement rendu caution dudit   dépofitaire , & s'eft obligé foli-dairement avec lui au païement de ladite aumône dans le tems & fous la peine ci-deffus , à quoi il confent être contraint par corps , dont il fait fa propre dette comme principal dépofitaire.

Néanmoins avons fait défenfes aufdits dépo-fitaire & caution de fe deffaifir , &c.

Et au lieu de l'art. 7. mettre celui-ci.

Et ont lefdits dépofitaire & caution élû leurs domiciles en leurs demeures ci-devant declarées.

*Si la fille a été mariée, le procez verbal
sera dressé en cette forme.*

ET le   jour du mois de
audit an mil sept cens   lendemain
de la Pentecôte, pardevant nous Curé, Juge,
Procureur Fiscal & Greffier susdits, ladite
qui a obtenu le bon Billet en cette Châtellenie
le Mardi d'après Pâques dernier, s'est presentée
avec   à present son
mari, & a été le Contrat de leur mariage lû &
publié à la porte de l'Eglise de ce Chef-lieu, &
la somme de cinquante livres à eux païée, comme
il paroît par la quittance étant au pied dudit
Contrat de mariage.
En témoin dequoi , &c.

Mettre le jour , le
mois & l'année.

Le nom & surnom
de la fille , & le nom,
surnom & qualité de
son mari.

*Si la fille ou le Fermier, ou tous les deux
ne comparoissent pas , il faudra dresser le
procez verbal sur ce qui a été remarqué
ci-devant , pages 39. 40. & 41.*

*Quant à ce qui sera fait à jours ex-
traordinaires pour la délivrance ou consignation de l'aumône , ou pour la poursuite
contre le Fermier pour le païement de l'aumône ou de l'amende , le procez verbal en
sera dressé conforme aux choses qui se seront passées.*

*S'il arrive en l'execution de la Fondation
quelque incident qu'on n'ait pas ici prévû ,
il sera inseré dans le procez verbal le plus
nettement & intelligiblement que faire se
pourra.*

PROCEZ VERBAL

*Pour une fille qui demande l'aumône de sa
sœur decedée.*

Mettre l'année, le jour & le mois.

L'AN mil sept cens   le
jour du mois de   après la
grande Messe celebrée en l'Eglise de
                    s'est presentée en ladite Eglise devant
nous   Curé
Juge   Procureur Fiscal &
Greffier dudit lieu, en presence de plusieurs Paroissiens assemblez   fille de
                    & de
sa femme, de la Paroisse de
qui nous a requis que l'aumône dûë à
                    sa sœur défunte, par le sort du bon
Billet qui lui est échû le Mardi d'après Pâques
de l'année   lui soit donnée
suivant la Fondation de défunts Monseigneur le
Duc & Madame la Duchesse de Nivernois & de
Rethelois, surquoi après qu'il nous est apparu du
décez de ladite
par le Certificat, &c.
& que lesdits Paroissiens au nombre de

                    qui sont

ont dit connoître ladite
& tiennent qu'elle est fille de bien, Catholique,
non mariée, & sœur de ladite défunte, plus prête
à marier & partant capable de jouïr de ladite aumône, nous avons ordonné que ladite aumône
lui appartiendra & lui sera delivrée après qu'elle
aura été mariée, à quoi
dépositaire de ladite aumône demeurant à
                    sera contraint par les voïes & ainsi
qu'il

Marginal notes (left column):

Mettre l'année, le jour & le mois.

Mettre le nom de la Châtellenie, & les noms & surnoms du Curé & des trois Officiers.

Mettre les noms & surnoms de la fille & de ses pere & mere, la qualité du pere, & le nom de la Paroisse.

Mettre le nom & surnom de la sœur decedée & l'année.

Le nom de la fille decedée, & la datte du certificat mortuaire, & le nom du Curé ou Vicaire qui l'aura delivré.

Mettre le nombre des Paroissiens, leurs noms, surnoms & qualitez.

Mettre le nom & surnom de la fille qui demande l'aumône.

Mettre le nom, surnom, qualité, & demeure du dépositaire.

ç'il y eſt obligé, & pour cet effet a été delivré
à ladite fille une expedition du preſent procez
verbal qui ſera ſignifiée audit dépoſitaire.

En témoin dequoi nous Curé, Juge, Procureur Fiſcal, & Greffier ſuſdits, avons ſigné le
preſent procez verbal les jour & an que deſſus
avec ladite fille & leſdits Paroiſſiens ci-devant
nommez.

*Si quelques-uns ne ſçavent pas ſigner,
il faudra ajoûter,*

Excepté leſd   qui ont declaré ne
ſçavoir écrire ni ſigner, de ce interpellez.

*Et ſi tous ne ſçavent pas ſigner, après les
mots, les jour & an que deſſus, il faudra
mettre,*

Et ont leſdits Paroiſſiens & ladite fille declaré
ne ſçavoir écrire ni ſigner, de ce interpellez.

Mettre les ſurnoms
de ceux qui ne ſçavent
pas ſigner.

PROCEZ VERBAL

OU CONTRAT DE MARIAGE
à l'effet de cette Fondation.

Mettre l'année, le jour & le mois, les noms & surnoms des Officiers & des futurs époux, & de leurs peres & meres, la demeure du futur époux, le nom de la Paroisse de la fille, & l'année dans laquelle elle a obtenu un bon Billet.

L'An mil sept cens   le jour du mois de   pardevant nous   Juge &   Procureur Fiscal de la Châtellenie de   assistez de   nôtre Greffier, sont comparus   demeurant à fils de   & de   sa femme, d'une part.

Et   fille de & de   sa femme, de la Paroisse de   qui obtint le sort du bon billet en l'année   du benefice de la Fondation de défunts Monseigneur le Duc & Madame la Duchesse de Nivernois & de Rethelois, d'autre part.

Mettre les surnoms des futurs époux, les noms, surnoms & qualitez de leurs parens & amis, & les degrez de parenté.

Lesquels en la presence & du consentement de leurs parens & amis sous nommez, sçavoir, de la part dudit   de & de la part de ladite   de

Ont promis se prendre l'un l'autre par Sacrement de mariage en face de nôtre Mere sainte Eglise le plûtôt que faire se pourra, & de ne faire aucune dissolution ni dépense au festin de leurs nôces qui retournent à leur charge, autres que de leurs deux bouches, à peine de privation de l'aumône dont sera ci-après parlé

Surquoi nous avons averti les futurs époux de se representer devant nous quand ils seront mariez,

Mettre le surnom de la fille.

pour leur être la somme de cinquante livres destinée pour la dot de ladite   délivrée par **qui** eft obligé de la fournir, & avons exhorté ladite fille de faire les prieres or-données par la Fondation. Et pour lui en faire fouvenir, lui avons mis en main une bague d'argent valant cinq fols, qui fervira auffi à fon ma-riage. En foi dequoi nous Juge, Procureur Fif-cal & Greffier fufdits, avons figné le prefent Acte les jour & an que deffus avec lefdits futurs époux, leurs parens & amis.

Si quelques-uns ne fçavent pas figner,
il faudra ajoûter,

Excepté lefdits **qui** ont declaré ne fçavoir écrire ni figner, de ce interpellez.

Et fi tous ne fçavent pas figner, il faudra
mettre,

Et ont lefdits futurs époux, parens & amis de-claré ne fçavoir écrire ni figner, de ce inter-pellez.

QUITTANCE DE L'AUMÔNE.
Pour le dépofitaire, qui doit être écrite au
bas dudit Contrat.

ET LE jour du mois de audit an mil fept cens fe font reprefentez pardevant nous Officiers fuf-dits, ledit & ladite à prefent fa femme de lui autorifée, & fuivant leur requifition, & après qu'il nous eft apparu de la celebration de leur mariage par le certificat du Sieur Curé de la Paroiffe de en datte du qui eft demeuré joint à ces prefentes, nous leur avons prefentement fait païer & delivrer com-ptant par ainfi qu'ils le recon-noiffent, ladite fomme de cinquante livres en

Mettre le nom & furnom du fermier ou dépofitaire.

Mettre les furnoms de ceux qui ne fçavent pas figner.

Mettre le jour, le mois & l'année.

Mettre les noms & furnoms du mari & de la femme.

Mettre le nom du Curé & celui de la Paroiffe, avec la dat-te du certificat.

Mettre le nom & furnom du dépofitai-re.

Ioüis d'argent & monnoïe aïant cours, à la dé_
duction de cinq fols pour la bague d'argent &
d'autres cinq fols pour l'expedition, tant du Contrat de mariage ci-deſſus, que du preſent acquit
& pour deux copies d'icelui. De laquelle ſomme
ledit   & ſa femme ſont contens
& en ont quitté ledit dépoſitaire, auquel ils ont
délivré l'expedition du procez verbal, par lequel
il s'étoit obligé au païement de ladite ſomme,
ſur laquelle expedition & ſa minute, ils conſentent
qu'il ſoit fait mention du preſent païement, de_
clarant qu'ils déchargent auſſi, en tant que beſoin
ſeroit   Fermier de
               de ladite ſomme,
enſuite a été fait lecture du preſent acquit &
dudit Contrat de mariage devant la porte de
l'Egliſe de cette Paroiſſe en la preſence de
          Curé d'icelle, *ou de*   *ſon*
Vicaire, & de pluſieurs autres, & là ledit
                    & ſa femme ont
declaré devant l'aſſemblée avoir été bien païez
de leur aumône & promis en reconnoiſſance d'i-
celle, de prier Dieu pour Meſſeigneurs les Fondateurs & leurs ſucceſſeurs. En foi de quoi nous
avons dreſſé le preſent Acte, enjoint au Greffier
de le tranſcrire au Regiſtre à ce deſtiné, ce fait
en bailler deux copies, l'une au Procureur Fiſcal,
l'autre audit dépoſitaire, & avons ſigné ledit
preſent Acte avec ledit Sieur Curé *ou Vicaire*,
& ledit   & ſa femme

Si le mari ou la femme ou tous les deux
ne ſçavent pas ſigner, il faudra en faire
mention.

Mettre le ſurnom du mari.

Le nom du fermier, & la Terre dont il eſt fermier.

Mettre le nom & ſurnom du Curé ou de ſon Vicaire, & le ſur-nom du mari.

Mettre le ſurnom du mari.

QUITTANCE DE L'AUMÔNE

Pour le Fermier, qui doit être écrite au bas
du Contrat de mariage de la fille, à qui
il l'a lui-même païée.

ET LE jour de audit an mil sept cens se sont représentez devant nous Officiers susdits, ledit & ladite à présent sa femme, de lui autorisée, & suivant leur requisition, & après qu'il nous est apparu de la celebration de leur mariage par le Certificat du sieur Curé de la Paroisse de en date du qui est demeuré joint à ces presentes. Nous leur avons presentement fait païer & délivrer comptant par Fermier de ainsi qu'ils le reconnoissent, ladite somme de cinquante livres en loüis d'argent & monnoïe aïant cours, à la déduction de cinq sols pour la bague d'argent, & cinq sols pour l'expedition dudit Contrat & du present acquit, & pour deux copies d'icelui ; de laquelle somme ledit & sa femme sont contens, & en ont quitté ledit Fermier & tous autres, & consentent que du present païement, il soit fait mention sur toutes pieces que besoin sera. Ce fait ledit Contrat de mariage & le present acquit ont été lûs devant la porte de l'Eglise de ce lieu, en presence de Curé d'icelui, *ou de* son *Vicaire*, & de plusieurs autres, & là ledit & sa femme ont declaré avoir été bien païez de ladite aumône, & en reconnoissance d'icelle, ont promis de prier Dieu pour Messeigneurs les Fondateurs & leurs successeurs. En témoin dequoi, nous Juge, Procureur Fiscal & Greffier susdits, avons signé le present Acte avec ledit sieur Curé & ledit & sa femme, &

Marginal notes:

Mettre le jour, le mois & l'année, & les noms & surnoms du mari & de la femme.

Mettre le nom du Curé & de la Paroisse avec la date du certificat.

Le nom & surnom du fermier, & le nom de la Terre.

Mettre le surnom du mari.

Mettre le nom & surnom du Curé ou son Vicaire.

Mettre le surnom du mari.

ordonné au Greffier de le tranfcrire au Regiftre à ce deftiné ; ce fait , bailler deux copies d'icelui, l'une audit Fermier , l'autre au Procureur Fifcal.

Si le mari ou la femme , ou tous les deux ne fçavent pas figner , il en faudra faire mention.

Fin des Formulaires.

ARREST

DE LA COUR

DE PARLEMENT,

POUR L'EXECUTION DE LA
Fondation de Nevers.

Du 5. Fevrier 1722.

OUIS par la grace de Dieu Roi de
France & de Navarre : Au premier des
Huissiers de nôtre Cour de Parlement ,
ou autre nôtre Huissier ou Sergent sur ce
requis ; Sçavoir faisons, que vû par nôtre
dite Cour la requête à Elle presentée par
nôtre Procureur General , contenant que
dans l'Assemblée tenuë au grand Convent des Religieux
Augustins de cette Ville, le 25. Août de l'année derniere
1721. au sujet de la Fondation de Messire Ludovic de Gonzagues, & Dame Henriette de Cleves son Epouse, Duc &
Duchesse de Nevers, pour le mariage de soixante pauvres
Filles de leurs Terres par chacun an à perpetuité , on a
remarqué plusieurs défauts & contraventions commis à

l'execution de cette Fondation & des Arrêts de Reglemens rendus en conſequence; & que pour en prévenir la ſuite qui dégenereroit en des abus capables de rendre inutiles les précautions des Fondateurs, & ôter aux proprietaires des terres chargées de la Fondation, tout pretexte d'excuſe & d'ignorance, il a été fait une Inſtruction extraite du contrat de la Fondation & des Arrêts, avec les Formules des Actes neceſſaires, pour en faciliter l'execution conformément à l'Arrêt de nôtredite Cour, du 26. Juillet 1717. A ces cauſes requiert nôtre Procureur General, qu'il plaiſe à nôtredite Cour ordonner que le Rôlle qui a été dreſſé en la maniere accoûtumée des aumônes non conſignées & non diſtribuées, & des peines, dommages & interêts encourus pour les fautes & contraventions commiſes l'année derniere 1721. ſera executé, & qu'au païement des ſommes y contenuës, les proprietaires des terres ſujettes à la Fondation ſeront contraints par toutes voïes, ſauf leur recours contre leurs Officiers & Fermiers, & d'enjoindre à tous les Officiers des Chefs-lieux d'executer & faire executer ponctuellement par les Officiers des Paroiſſes de leur Reſſort tout ce qui eſt marqué par l'Inſtruction & les Formulaires, ſous les peines y portées, & de plus grande s'il y échet; à l'effet dequoy il en ſera envoïé des copies imprimées & ſignées du Greffier de l'Hôtel-Dieu de Paris, aux Greffés de chacun Chef-lieu, pour y être regiſtrées, duquel enregiſtrement, les Greffiers ſeront tenus d'envoïer au Bureau de l'Hôtel-Dieu dans ſix mois du jour de la ſignification de l'Arrêt qui interviendra, des expeditions ſignées d'eux & des Juges & Procureurs Fiſcaux; & outre ſeront tenus leſdits Officiers des Chefs-lieux, d'inſtruire leſdits Officiers des Paroiſſes de leur Reſſort, des Articles de ladite Inſtruction & Formulaires qui les concernent, & de leur en donner des copies en bonne forme, afin qu'ils aïent à s'y conformer, le tout à peine d'interdiction; ladite requête ſignée de nôtre Procureur General. Oüi le rapport de Maître François Genoud Conſeiller, & tout conſideré : NOTREDITE COUR, faiſant droit ſur la Requête de nôtre Procureur

General, ordonne que le Rôlle qui a été dreſſé en la maniere accoûtumée, des aumônes non conſignées & non diſtribuées, & des peines, dommages & interêts encourus
pour les fautes & contraventions commiſes l'année derniere
1721. ſera executé, & qu'au païement des ſommes y contenuës, les proprietaires des terres ſujettes à la Fondation, ſeront contraints par toutes voïes, ſauf leur recours contre
leurs Officiers & Fermiers. ENJOINT à tous les Officiers des
Chefs-lieux d'executer & faire executer ponctuellement par
les Officiers des Paroiſſes de leur Reſſort, tout ce qui eſt
marqué par l'Inſtruction & les Formulaires, ſous les peines y portées, & de plus grandes s'il y échet ; à l'effet
dequoi il en ſera envoïé des copies imprimées & ſignées
du Greffier de l'Hôtel-Dieu de cette ville de Paris, aux
Greffes de chacun Chef-lieu, pour y être regiſtrées,
duquel enregiſtrement, les Greffiers ſeront tenus d'envoïer au Bureau dudit Hôtel-Dieu dans ſix mois du jour
de la ſignification du preſent Arrêt, des expeditions
ſignées d'eux & des Juges & Procureurs Fiſcaux ; & en outre ſeront tenus leſdits Officiers des Chefs-lieux d'inſtruire
leſdits Officiers des Paroiſſes de leur Reſſort des articles
de ladite Inſtruction & Formulaires qui les concernent,
& de leur en donner des copies en bonne forme, afin qu'ils
aïent à s'y conformer, le tout à peine d'interdiction. SI
TE MANDONS mettre le preſent Arrêt à execution ſe-
lon ſa forme & teneur, de ce faire te donnons pouvoir.
DONNE' à Paris en nôtredite Cour de Parlement, le cin-
quiéme jour de Fevrier, l'an de grace mil ſept cens vingt-
deux, & de notre Regne le ſeptiéme. Collationné. Par la
Chambre. Signé, GILBERT. Scellé le ſeptiéme Fevrier mil ſept cens vingt-deux. Signé, VITART.

*Collationné à l'Original en parchemin, par nous
Ecuyer, Conſeiller-Secretaire du Roy, Maiſon,
Couronne de France, & de ſes Finances.*